CB130410

O Capital de Marx

LIVROS QUE MUDARAM O MUNDO

A BÍBLIA
Karen Armstrong

O CAPITAL DE MARX
Francis Wheen

A ORIGEM DAS ESPÉCIES DE DARWIN
Janet Browne

A REPÚBLICA DE PLATÃO
Simon Blackburn

A RIQUEZA DAS NAÇÕES DE ADAM SMITH
P.J. O'Rourke

Francis Wheen

O Capital de Marx

| *uma biografia* |

Tradução:
Sérgio Lopes

ZAHAR

Título original:
Marx's Das Kapital
(A Biography)

Tradução autorizada da primeira edição inglesa, publicada em 2006 por Atlantic Books, um selo de Grove Atlantic Ltd., de Londres, Inglaterra

Copyright © 2006, Francis Wheen

Copyright da edição brasileira © 2007:
Jorge Zahar Editor Ltda.
rua Marquês de S. Vicente 99 – 1º | 22451-041 Rio de Janeiro, RJ
tel (21) 2529-4750 | fax (21) 2529-4787
editora@zahar.com.br | www.zahar.com.br

Todos os direitos reservados.
A reprodução não-autorizada desta publicação, no todo ou em parte, constitui violação de direitos autorais. (Lei 9.610/98)

Capa: Sérgio Campante
Ilustração da capa: Michael Nicholson/Corbis/LatinStock

CIP-Brasil. Catalogação-na-fonte
Sindicato Nacional dos Editores de Livros, RJ.

Wheen, Francis
W573c "O Capital" de Marx: uma biografia / Francis Wheen; tradução Sérgio Lopes. — Rio de Janeiro: Zahar, 2007.

(Livros que mudaram o mundo)

Tradução de: Marx's Das Kapital: (a biography)
ISBN 978-85-7110-997-1

1. Marx, Karl, 1818-1883. O Capital. 2. Comunismo. 3. Comunistas – Biografia. I. Título. II. Série.

CDD: 335.04
07-1777 CDU: 330.85

Sumário

Introdução: A Obra-prima Ignorada

Em fevereiro de 1867, pouco antes de entregar aos editores o primeiro volume do *Capital*, Karl Marx insistiu para que Friedrich Engels lesse *A obra-prima ignorada*, de Honoré de Balzac. A narrativa, dizia Marx, era uma pequena obra-prima "repleta da mais fina ironia".

Não se sabe se Engels seguiu o conselho. Caso o tenha feito, com certeza percebeu a ironia, embora possa ter se espantado com o fato de que seu velho amigo se deleitasse com a narrativa. *A obra-prima ignorada* conta a história de Frenhofer, um grande pintor que passa dez anos trabalhando e aperfeiçoando um retrato que irá revolucionar a arte, ao exibir "a mais completa representação da realidade". Quando finalmente Poussin e Porbus, seus colegas de ofício, têm permissão para contemplar a tela acabada, ficam horrorizados ao ver uma bruma de formas aleatórias e uma confusão de cores sem nexo. "Ah!", exclama Frenhofer, iludido com o espanto dos amigos, "não esperavam tamanha perfeição!" No entanto, o velho pintor logo escuta Poussin dizer a Porbus que mais cedo ou mais tarde o artista perceberia a verdade – do retrato tantas vezes pintado, nada mais restava.

> — Nada em minha tela! – exclamou Frenhofer, olhando alternadamente para os dois pintores e o quadro.
>
> — Que fez você? – perguntou Porbus em voz baixa a Poussin.
>
> O velho segurou com força o braço do rapaz e disse-lhe:
>
> — Você nada vê ali, tolo! Patife! Canalha! Tratante! Para que veio então aqui? Meu bom Porbus – e continuou, virando-se para o outro pintor –, será que você também se diverte às minhas custas? Responda! Sou seu amigo. Diga, por acaso arruinei meu quadro?
>
> Porbus, indeciso, não se atreveu a falar; porém, a ansiedade estampada na face lívida do ancião era tão comovente que ele apontou para a tela e disse:
>
> — Veja!
>
> Frenhofer contemplou seu quadro um instante e cambaleou:
>
> — Nada! Nada! E dediquei-lhe dez anos de trabalho!
>
> Desabou na cadeira e chorou.

Após escorraçar os dois homens de seu estúdio, Frenhofer queima todas as suas telas e se mata.

De acordo com o cunhado de Marx, Paul Lafargue, a narrativa de Balzac "causou-lhe grande impressão porque em parte era uma descrição dos seus sentimentos". Marx trabalhou vários anos em sua própria obra-prima ignorada. E, ao longo dessa demorada gestação, a resposta costumeira que dava àqueles que pediam para ver o andamento do trabalho era idêntica à de Frenhofer: "Não, não! Ainda preciso fazer alguns retoques. Ontem, ao entardecer, pensei que tinha terminado. ... Hoje, à luz da manhã, reconheci meu erro." Em 1846, quando já se esgotara o prazo de entrega do livro, Marx escreveu a seu editor alemão:

> Não permitirei que o publiquem sem que eu o revise uma vez mais, tanto no que concerne ao tema quanto ao estilo. Sem mencionar que um escritor que trabalha ininterruptamente não pode, ao fim de seis meses, publicar palavra por palavra o que escreveu seis meses antes.

Doze anos depois, ainda longe de finalizar o trabalho, explicou que "tudo se desenrola com extremo vagar porque, tão logo se inicia a apresentação final de temas a que se dedicaram anos de estudo, eles revelam novos aspectos e demandam reflexões mais profundas". Perfeccionista obsessivo, Marx estava sempre em busca de novas nuanças em sua paleta, estudava matemática, observava o movimento dos corpos celestes, aprendia russo por conta própria para ler livros sobre o sistema agrário daquele país. Ou, para citar Frenhofer ainda uma vez:

> Ai de mim! Por um instante acreditei que minha obra estivesse concluída; mas seguramente me enganei em alguns detalhes e não descansarei enquanto não dissipar minhas dúvidas. Estou decidido a viajar. Em busca de modelos, visitarei a Turquia, a Grécia e a Ásia, a fim de comparar meu quadro com as mais variadas formas da natureza.

Por que Marx se lembrou da narrativa de Balzac no exato momento em que se preparava para desvelar ao julgamento público sua obra mais grandiosa? Por acaso temia que também tivesse trabalhado em vão, que sua "completa representação da realidade" se mostrasse ininteligível? Certamente tinha tais apreensões – a personalidade de Marx era repleta de um curioso híbrido de furiosa confiança e angustiante hesitação –, e, por isso, para se antecipar à crítica, alertou no prefácio: "Presumo, naturalmente, a existência de leitores que desejam aprender algo de novo e queiram, portanto, também pensar por conta própria." Porém, o que mais espanta acerca de sua identificação com o criador da obra-prima ignorada é o fato de Frenhofer ser um artista – não um estudioso de economia política ou filósofo, tampouco um historiador ou polemista.

A "mais fina" ironia de todas na *Obra-prima ignorada*, como destaca o escritor norte-americano Marshall Berman, é que a tela mencionada por Balzac é a descrição perfeita de uma pintura abstrata do século XX – e o fato de seu criador ignorar isso simplesmente aprofunda a ressonância. "A questão é que onde uma época vê apenas caos e incoerência, outra, posterior ou mais moderna, pode descobrir significado e beleza", escreve Berman.

> Portanto, a própria incompletude da obra tardia de Marx pode estabelecer mais interseções com nossa época que a mais 'acabada' obra do século XIX: *O Capital* ultrapassa as obras bem-acabadas do século de Marx na direção do modernismo descontínuo de nosso próprio século.

Como Frenhofer, Marx era um modernista *avant la lettre*. Sua famosa advertência sobre a desarticulação, no *Manifesto do Partido Comunista* – "Tudo que é sólido se desmancha no ar" –, prefigura os homens ocos e a cidade irreal descritos por

T.S. Eliot, ou a imagem de que "tudo desmorona; o centro não mais retém", de Yeats. Na época em que escreveu *O Capital*, Marx superava a prosa de convenção com sua radical colagem literária – justapondo vozes e citações de mitologia e literatura, relatórios de inspetores de fábrica e contos de fada, nos moldes dos *Cantos*, de Ezra Pound, ou de *A terra desolada*, de Eliot. *O Capital* é tão dissonante quanto Schoenberg, tão angustiante quanto Kafka.

Karl Marx via a si mesmo como um artista criativo, um poeta da dialética. "Agora, em relação à minha obra, lhe direi a mais pura verdade", escreveu a Engels em julho de 1865. "Sejam quais forem os defeitos, meus escritos têm a vantagem de compor um todo artístico." Marx buscava luz sobre as motivações e os interesses materiais das pessoas mais em poetas e romancistas do que em filósofos e ensaístas políticos: em uma carta de dezembro de 1868, anotou uma passagem de outra obra de Balzac, *O cura da aldeia*, e perguntou se Engels, a partir de seu próprio conhecimento de economia prática, poderia comprovar o quadro apresentado pelo escritor. (O conservador e monarquista Balzac talvez pareça um herói improvável; Marx, porém, sempre achou que os grandes escritores têm uma percepção da realidade social que transcende seus preconceitos pessoais.) Se desejasse escrever um tratado de economia convencional, ele o teria feito. A ambição de Marx, contudo, era muito mais audaciosa. Berman descreve o autor do *Capital* como "um dos gigantes atormentados do século XIX – ao lado de Beethoven, Goya, Tolstói, Dostoiévski, Ibsen, Nietzsche e Van Gogh – que nos angustiam com sua própria loucura, mas cuja agonia engendrou grande parte do capital espiritual de que ainda nos nutrimos".

No entanto, quantas pessoas se lembrariam de incluir Karl Marx entre os grandes artistas e escritores? Mesmo em nossa era pós-moderna, a narrativa fragmentada e a radical descontinuidade do *Capital* são consideradas equivocadamente um desleixo e uma imprecisão por parte de muitos leitores. O principal objetivo deste livro é persuadir, ao menos alguns dos que formaram essa idéia, a rever sua opinião: quem almeja compreender Beethoven, Goya ou Tolstói deveria ser capaz de "aprender algo de novo" com a leitura do *Capital* – e não apenas porque sua temática ainda governa nossas vidas. Nas palavras de Marshall Berman: "Como pode *O Capital* morrer se ainda vive o capital?"

O fato de Marx não ter finalizado sua obra-prima é simbólico. O primeiro volume foi o único que ele publicou em vida; após sua morte, outros coligiram os volumes subseqüentes, tendo por base anotações e esboços encontrados em seu gabinete. A obra de Marx é tão aberta – e, portanto, desdobrável – quanto o próprio sistema capitalista. Marx foi verdadeiramente um gigante atormentado. Por isso, antes de abordar sua obra-prima, vamos buscar as origens de seu tormento e de sua inspiração.

1

Gestação

Embora *O Capital* seja geralmente classificado como obra de economia, Karl Marx devotou-se ao estudo da economia política apenas depois de vários anos de pesquisa aos campos da filosofia e da literatura, que formam a base intelectual do projeto. Sua experiência pessoal de alienação é que confere tamanha intensidade à análise de um sistema econômico que afasta as pessoas umas das outras e do mundo que habitam – uma sociedade em que os seres humanos são escravizados pelo monstruoso poder do capital e das mercadorias inanimadas.

Desde o momento em que nasceu, em 5 de maio de 1818, Marx viveu à margem – um garoto judeu em uma cidade predominantemente católica, Trier, dentro do Estado prussiano, cuja religião oficial era o protestantismo. Embora a Renânia tenha sido anexada à França durante as guerras napoleônicas, três anos antes de Marx nascer ela fora reincorporada à Prússia imperial, e os judeus de Trier tornaram-se então vítimas de um édito que os bania do exercício de suas profissões: o pai de Marx, Heinrich Marx, viu-se obrigado a converter-se ao luteranismo para trabalhar como advogado. Portanto, não surpreende que, ainda jovem, Karl Marx tenha iniciado sua reflexão sobre o fenômeno da alienação. "Nem sempre podemos alcançar a posição à qual acreditamos estar destinados", escreveu aos 17 anos em uma dissertação escolar. "De certo modo, nossas relações na sociedade começaram a ser estabelecidas antes mesmo de termos condição de determiná-las."

Seu pai encorajava-o a ler com voracidade. Os anos da anexação deram a Heinrich uma simpatia pelos gostos franceses em política, religião, vida e arte: um de seus netos descreveu-o como "um verdadeiro 'francês' do século XVIII, que conhecia Voltaire e Rousseau de cor". O outro mentor intelectual do jovem Marx foi o barão Ludwig von Westphalen, amigo de Heinrich e funcionário do governo, culto e liberal, que o apresentou à poesia e à música (e à sua filha Jenny von Westphalen, que depois viria a se tornar a sra. Karl Marx). Em longas caminhadas, o barão recitava passagens de Homero e Shakespeare a seu jovem acompanhante, que as memorizava – e mais tarde as empregaria como principal tempero de seus próprios escritos. Já adulto, Marx reencenaria os passeios com Von Westphalen, declamando passagens de Shakespeare, Dante e Goethe quando levava sua própria família ao alto do Hampstead Heath para piqueniques dominicais. Como escreveu S.S. Prawer, no lar de Karl Marx todos eram obrigados a viver "em uma perpétua tormenta de alusões à literatura inglesa". Havia uma citação própria para cada ocasião: debilitar um desafeto político, dar vida a um texto árido, salientar um gracejo, autenticar uma emoção – ou insuflar vida em uma abstração inanimada, como fez com a personificação do capital, que fala pela voz de Shylock (no primeiro tomo do *Capital*) para justificar a exploração do trabalho infantil nas fábricas.

> Trabalhadores e inspetores da fábrica protestaram por motivos higiênicos e morais. O capital, porém, respondeu:
> — Que meus atos recaiam sobre minha cabeça!
> Meu direito exijo eu! A multa e o penhor do meu título!

Para provar que o dinheiro é um nivelador radical, Marx citava uma fala de *Timão de Atenas*, de Shakespeare, que se refere ao dinheiro como "a prostituta comum da humanidade", seguida de outra, da *Antígona*, de Sófocles ("Nada suscitou nos homens tanta ignomínia / Como o ouro. É capaz de arruinar cidades, / De expulsar os homens de seus lares; / Seduz e deturpa o espírito nobre / Dos justos, levando-os a ações abomináveis; / Ensina aos mortais os caminhos da astúcia e da perfídia, / E os induz a cada obra amaldiçoada pelos deuses"). Economistas com categorias e modelos anacrônicos são comparados a Dom Quixote, que "pagou pelo erro de presumir que a cavalaria andante seria compatível a todas as formas econômicas de sociedade".

As primeiras ambições de Marx foram literárias. Ainda estudante de direito na Universidade de Berlim, escreveu um livro de poemas, um drama em versos e até um romance, *Escorpião e Félix*, redigido às carreiras enquanto estava sob o encantamento da leitura de *Tristram Shandy*, de Laurence Sterne. Depois dessas experiências, sentiu-se desanimado:

> Subitamente, como num toque de mágica – ó, o toque foi em princípio um golpe perturbador –, vislumbrei o reino longínquo da verdadeira poesia como um palácio distante e encantado, e todas as minhas criações reduziram-se a nada. ... Uma cortina se abriu, meu santuário se despedaçou, e novos deuses precisaram ser empossados.

Acometido por uma espécie de colapso, foi aconselhado por seu médico a se refugiar no campo para um longo descanso – no qual finalmente se rendeu à sedutora voz de G.W.F. Hegel, o então recém-falecido professor de filosofia de Berlim cujo legado era alvo de intensa disputa entre discípulos e conferencistas. Na juventude, Hegel apoiou com entusiasmo a Revolução Francesa e seus ideais; na meia-idade, porém, tornou-se acomodado e complacente, acreditando que um homem maduro de fato deveria reconhecer "a necessidade objetiva e a racionalidade do mundo que o defronta". Segundo o filósofo alemão, "tudo que é real é racional", e, visto que o Estado prussiano era sem dúvida real, no sentido de que existia, os discípulos mais conservadores de Hegel argumentavam que o Estado era, por conseqüência, racional e irrepreensível. Aqueles que professavam a obra mais subversiva dos primeiros anos – os Jovens Hegelianos – preferiam citar a segunda metade da máxima: "tudo que é racional é real". Uma monarquia absoluta, apoiada por censores e pela polícia secreta, era evidentemente irracional e, portanto, irreal, uma miragem que desapareceria tão logo alguém ousasse tocá-la.

Na universidade, Marx adotou o hábito de anotar excertos de todos os livros que lia – costume que jamais abandonaria. Uma lista das leituras desse período revela a precocidade de suas investigações intelectuais. Enquanto escrevia um ensaio sobre a filosofia do direito, realizou um estudo detalhado da *História da arte*, de Johann Joachim Winckelmann; aprendeu sozinho inglês e italiano; traduziu a *Germânia*, de Tácito, e a *Retórica*, de Aristóteles. No mesmo período também leu Francis Bacon e, segundo confessou ao pai, "gastei um bom tempo com Hermann Samuel Reimarus, sobre cujo livro a respeito dos instintos artísticos dos animais me debrucei com prazer.

É esse o mesmo estilo de pesquisa eclético, onívoro e não raro paralelo que deu ao *Capital* sua extraordinária amplitude de referências. A descrição que Marx faz de Demócrito em sua tese de doutorado, *Diferença entre as filosofias da natureza em Demócrito e Epicuro*, se assemelha admiravelmente a um auto-retrato: "Cícero chamava-o um *vir eruditus*. É versado em física, ética, matemática, nas disciplinas enciclopédicas, em todas as artes."

Durante algum tempo, Marx parecia inseguro sobre como utilizar tamanha erudição. Após a conclusão do doutorado, considerou a possibilidade de ensinar filosofia, mas logo decidiu que a proximidade diária dos professores seria intolerável. "Quem desejaria para si a eterna obrigação de conversar com detestáveis intelectuais, indivíduos que estudam com o único propósito de encontrar novos 'becos sem saída' em cada recanto do mundo?" Além disso, desde que deixara a universidade, Marx voltara seus pensamentos do idealismo para o materialismo, do abstrato para o concreto. "Visto que cada verdadeira filosofia é a quintessência intelectual de sua época", escreveu em 1842, "chegará a hora em que a filosofia, não apenas internamente, por causa de seu conteúdo, mas também externamente, por meio de sua forma, estabelecerá contato e interação com o mundo real de seu tempo." Na primavera do mesmo ano, começou a escrever para um jornal liberal de Colônia, a *Gazeta Renana*, cuja direção assumiria seis meses depois.

O jornalismo de Marx caracterizava-se por uma estouvada beligerância que explica por que passou grande parte da vida adulta no exílio e no isolamento político. O primeiro artigo dele para a *Gazeta Renana* foi um ataque à intolerância do absolutismo prussiano e à mente estreita de seus oponentes liberais. Não satisfeito em fazer, a um só tempo, inimigos no governo e na oposição, também se voltou contra os próprios companheiros e denunciou os Jovens Hegelianos por "brutalidade e vilania". Apenas dois meses após Marx assumir a responsabilidade editorial, o governador da província pediu aos censores em Berlim que o processassem por "crítica impudente e desrespeitosa". Pouco depois, ninguém menos que o czar Nicolau, ao sentir-se ofendido com uma diatribe antirussa, solicitou ao rei da Prússia a extinção da *Gazeta Renana*. O jornal foi fechado em março de 1843: aos 24 anos, Marx já brandia uma pena capaz de amedrontar e enfurecer as maiores coroas da Europa. Ao perceber que não teria futuro na Prússia, aceitou um convite para ir a Paris como co-editor de uma nova revista produzida por exilados alemães, os *Anais Franco-Alemães*. Havia apenas um inconveniente: "Estou noivo; não devo, não posso e não irei abandonar a Alemanha sem minha noiva."

Karl Marx casou-se com Jenny von Westphalen em junho de 1843. Durante aquele verão, enquanto aguardava um chamado de Paris, o jovem casal aproveitou uma prolongada lua-de-mel no elegante balneário de Kreuznach. Quando não caminhava com a esposa às margens do rio, Marx se recolhia a uma sala de trabalho, lia e escrevia com furiosa intensidade. Sempre gostou de elaborar suas idéias no papel, e uma página remanescente dos cadernos de Kreuznach revela tal processo em pleno andamento:

> *Nota*. Sob Luís XVIII, a Constituição por graça do rei (carta outorgada pelo rei); sob Luís Felipe, o rei por graça da Constituição (reinado outorgado). Em geral podemos observar que a conversão do sujeito em predicado e do predicado em sujeito, a troca daquilo que determina pelo que é determinado, é sempre a mais imediata revolução. ... O rei faz a lei (antiga monarquia), a lei faz o rei (nova monarquia).

A simples inversão sintática revela o equívoco da filosofia alemã. Hegel pressupunha que "a Idéia do Estado" era o sujeito, que tinha a sociedade como objeto, enquanto a história demonstrava o oposto. Vire o pensamento de Hegel de cabeça para baixo, e o problema se resolve: a religião não faz o homem, o homem faz a religião; a Constituição não cria o povo, o povo cria a Constituição. Embora tenha tomado a idéia de Ludwig Feuerbach – que havia escrito que "o pensamento origina-se do ser, não o ser do pensamento" –, Marx ampliou essa lógica, transpondo-a da filosofia abstrata para o mundo material.

Como escreveu nas *Teses sobre Feuerbach*, publicadas em 1845: "Até agora os filósofos apenas têm *interpretado* o mundo de maneiras diferentes; a questão, porém, é *transformá-lo*." Aqui, ainda embrionária, está a idéia básica do

Capital. Por mais gloriosos que pareçam os triunfos econômicos, o capitalismo permanece um desastre, uma vez que transforma as pessoas em mercadorias intercambiáveis por outras mercadorias. Até que os homens possam se afirmar como sujeitos da história, e não como objetos, não há modo de escapar a essa tirania.

O triunvirato dos *Anais Franco-Alemães* – Karl Marx, o jornalista Arnold Ruge e o poeta Georg Herwegh – desembarcou em Paris no outono de 1843 e deu início a um "falanstério", ou comuna, na rue Vanneau, inspirado pelas idéias utópicas do socialista francês Charles Fourier. A vivência em comunidade foi uma experiência tão breve quanto a própria revista: apenas um único número apareceu antes da dispersão dos editores. Marx aceitou então uma oferta para escrever no *Vorwärts*, um quinzenário comunista publicado por expatriados alemães no qual delineou pela primeira vez sua convicção de que a consciência de classe era um catalisador da revolução. "O proletariado alemão é o teórico do proletariado europeu, assim como o proletariado inglês é o economista, e o proletariado francês, o político", escreveu ele, antecipando uma avaliação de Engels, que qualificaria o marxismo como um híbrido dessas três linhagens.

Naquele momento Marx já era bem versado em filosofia alemã e política francesa; iniciava-se nos estudos de economia inglesa, percorria, à sua maneira, as obras de Adam Smith, David Ricardo e James Mill, e, à medida que avançava, rabiscava incessantemente suas anotações. Essas notas, de hábito conhecidas como "manuscritos de Paris", são uma espécie de rascunho inicial do que viria a ser *O Capital*.

O primeiro manuscrito começa com uma assertiva direta: "Os salários são determinados pela luta aberta entre o capitalista e o trabalhador. O capitalista inevitavelmente vence. Ele pode viver mais sem o trabalhador que o trabalhador sem ele." Se o capital nada mais é que o fruto acumulado da labuta do trabalhador, então o capital da nação cresce somente quando

> ... se privam os trabalhadores de uma parcela cada vez maior de sua produção, quando de modo crescente seu próprio trabalho os defronta como a propriedade alheia, e os meios de subsistência e ação se concentram de modo progressivo nas mãos do capitalista.

Até nas mais favoráveis condições econômicas o destino do trabalhador é, inevitavelmente, "o excesso de trabalho e a morte precoce, a redução a uma máquina, a submissão ao capital". Seu trabalho se torna um ser exterior, que "existe fora dele, independentemente, alienado dele, e começa a confrontá-lo como um poder autônomo; a vida que ele havia conferido a um objeto o enfrenta como algo hostil e dele alienado".

Essa imagem tem origem em um dos livros favoritos de Marx, *Frankenstein*, a história de um monstro que se volta contra seu próprio criador. Embora alguns especialistas defendam que há uma "ruptura radical" entre o pensamento do jovem Marx e o do Marx maduro, as expressões inquietantes dos dois períodos são uma clara produção do mesmo homem que argumentou no *Capital*, mais de 20 anos depois, que os meios pelos quais o capitalismo aumenta sua produtividade

> ... mutilam o trabalhador e o transformam num ser parcial, degradam-no e o tornam um apêndice da máquina; aniquilam,

> com o tormento do trabalho, seu conteúdo, alienam-lhe as potências espirituais do processo de trabalho, ... transformam seu tempo de vida em tempo de trabalho, jogam sua mulher e seu filho sob a roda de Juggernaut do capital.*

Em agosto de 1844, enquanto Jenny Marx visitava a mãe em Trier, Friedrich Engels, então um jovem de 23 anos, apareceu no apartamento em que Karl Marx vivia em Paris. Os dois já haviam se encontrado anteriormente, de passagem, na redação da *Gazeta Renana*, e algum tempo depois Marx ficara bastante impressionado com a "Crítica da economia política", que Engels submetera aos *Anais Franco-Alemães*. Pode-se entender por quê: embora acreditasse que as forças sociais e econômicas fossem o motor da história, Marx não tinha qualquer conhecimento prático ou direto do capitalismo.

Engels estava em boa posição para esclarecê-lo, sendo filho e herdeiro de um fabricante alemão de algodão que possuía tecelagens em Manchester, coração da Revolução Industrial e berço da Liga Anti-Lei do Trigo, uma cidade apinhada de cartistas, owenistas e agitadores socialistas de todo tipo. Engels se mudara para Lancashire no outono de 1842, a princípio para inteirar-se dos negócios da família, mas com a verdadeira intenção de observar as conseqüências humanas do capitalismo vitoriano. De dia, era um jovem e diligente administrador do comércio de algodão; depois do

* Juggernaut, em sânscrito, é o Senhor dos Mundos. Adorado em várias regiões da Índia, é festejado anualmente na procissão da *Rathna-yatra*. Alguns devotos atiravam-se sob as rodas da carruagem que transportava o deus na certeza de que esta morte lhes traria a salvação. (N.E.)

expediente, porém, mudava de lado, explorava as ruas e os cortiços proletários da cidade a fim de recolher material para sua precoce obra-prima, *A situação da classe operária na Inglaterra*, de 1845.

Embora Marx e Engels tenham passado dez dias juntos em Paris, o único registro a respeito desse período épico se encontra em uma sentença solitária escrita por Engels mais de 40 anos depois: "Quando visitei Marx em Paris no verão de 1844, nossa total concordância em todos os campos teóricos tornou-se evidente, e nosso trabalho conjunto data daquele tempo." Eles se complementaram com perfeição, Marx com sua riqueza de conhecimento, Engels com seu conhecimento da riqueza. Marx escrevia devagar e dolorosamente, com incontáveis rasuras e emendas, enquanto os manuscritos de Engels eram limpos e elegantes. Marx viveu no caos e na penúria ao longo de quase toda a vida; Engels, embora trabalhasse em tempo integral, mantinha uma formidável produção de livros, cartas e artigos jornalísticos – e ainda encontrava tempo para apreciar os prazeres da vida da alta burguesia, com cavalos nos estábulos e muito vinho na adega.

Mesmo assim, apesar de suas aparentes vantagens, Engels soube desde o princípio que jamais teria o papel hegemônico na parceria. Aceitou, portanto, sem reclamação ou ciúme, que seu dever era dar o apoio intelectual e financeiro que tornaria possível a obra de Marx. "Simplesmente não compreendo", escreveu ele, "como alguém pode invejar o gênio; é algo tão especial que nós, que não o temos, sabemos desde o início ser inacessível; mas para invejar algo assim é preciso ser tremendamente tacanho."

Eles não guardavam segredos um para o outro e tampouco tinham tabus: a correspondência entre os dois é uma pungente combinação de história e fofoca, economia secreta e piadas juvenis. Engels servia também como uma espécie de mãe substituta para Marx – arranjava-lhe trocados para as despesas do dia-a-dia, inquietava-se com sua saúde e continuamente o advertia para que não negligenciasse os estudos. Em uma carta de outubro de 1844, a mais antiga de que se tem notícia entre os dois, já incitava Marx a compilar sem demora suas anotações políticas e econômicas em um livro: "Assegure-se de que o material que reuniu seja em breve apresentado ao mundo. É um momento de agitação, Deus bem o sabe!" Três meses depois sua impaciência aumentara:

> Procure terminar o livro de economia política mesmo que haja nele muita coisa que não o satisfaça, não importa; as mentes encontram-se amadurecidas e devemos malhar o ferro ainda quente. ... Por isso, tente finalizá-lo *antes* de abril, faça como eu, imponha-se uma data na qual definitivamente o terá encerrado, e tenha certeza de que será publicado sem demora.

Vã esperança: mais de duas décadas se passariam antes que o primeiro volume do *Capital* finalmente fosse entregue às prensas.

Nesse aspecto, entretanto, o próprio Engels não estava completamente isento de culpa. Pouco depois do encontro com Marx em Paris, propôs-lhe a colaboração em um pequeno panfleto – no máximo 40 páginas – que criticasse os mais irascíveis Jovens Hegelianos. Tendo terminado a parte que lhe cabia – 20 páginas – em poucos dias, Engels não ficaria "nem um pouco surpreso" ao descobrir, vários meses depois, que o panfleto acumulava então 300 páginas. Marx era o tipo de escritor que não conseguia resistir à distração, preferia a imediata gratificação de panfletos e artigos à faina muda e inglória exigida por sua *magnum opus*, então provisoriamente intitulada *Crítica de economia e política*. Apesar de ter prometido entregar o manuscrito do livro ao editor alemão Karl Leske no final do verão de 1845, Marx o deixou de lado depois de escrever apenas o sumário, dando-lhe a seguinte explicação:

> Parece-me muito importante preceder meu desenvolvimento positivo com uma obra polêmica contra a filosofia alemã e o socialismo alemão até o presente. Isso é necessário a fim de preparar o público para o ponto de vista adotado em minha economia, que é diametralmente oposto à erudição alemã de ontem e hoje. ... Se for preciso, posso apresentar inúmeras cartas que recebi da Alemanha e da França como prova de que esse trabalho é aguardado pelo público com grande ansiedade.

Desculpa pouco plausível, uma vez que o livro em questão, *A ideologia alemã*, não encontraria editor até 1932. "Abandonamos, de muito bom grado, o manuscrito à crítica roedora dos camundongos, visto que nosso objetivo principal foi alcançado: esclarecer nossas próprias idéias", escreveu Marx.

No entanto, ele ainda se sentia incapaz de dedicar atenção total à sua obra econômica, ou relutava em fazer isso. Haveria muitas outras interrupções polêmicas ao longo dos anos seguintes: *Miséria da filosofia*, uma invectiva de 100 páginas contra Pierre-Joseph Proudhon; *Os grandes homens do exílio*, uma sátira loquaz sobre os "idiotas mais notáveis" e os "velhacos democráticos" da diáspora socialista; *A secreta história diplomática do século XVIII*, peça de oratória anti-russa; *A vida de Lorde Palmerston*, em que procurava provar que o ministro do Exterior era um agente secreto do czar russo; e *Herr Vogt*, um agressivo ataque ao professor de ciência natural da Universidade de Berna que atraíra a fúria de Marx ao chamá-lo de charlatão e parasita. "Olho por olho, represálias fazem o mundo girar", murmurava Marx alegremente consigo mesmo, enquanto perdia boa parte do ano na batalha com Vogt.

Contínuas preocupações domésticas obstruíram ainda mais o andamento do livro. Em janeiro de 1845, o enviado prussiano em Paris protestou junto ao rei Luís Felipe contra um artigo do *Vorwärts* no qual Marx ridicularizava o rei Frederico Guilherme IV. O ministro do Interior francês prontamente fechou a revista e ordenou que o autor fosse expulso da França. O único rei na Europa continental disposto a acolhê-lo era Leopoldo I, da Bélgica, e apenas depois de receber por escrito de Marx a promessa de que não publicaria "qualquer obra sobre política contemporânea".

Por acreditar que isso não o impediria de *participar* da política, Marx intimou Engels a encontrá-lo em Bruxelas, onde fundariam um Comitê de Correspondência Comunista com o intuito de manter "um contínuo intercâmbio de cartas" com grupos socialistas da Europa Ocidental. Em 1847, o comitê tinha se convertido em uma ramificação da recém-formada Liga Comunista de Londres, que convocou Marx para produzir uma declaração de princípios. Marx produziu então o *Manifesto do Partido Comunista*, provavelmente o panfleto mais lido e influente da história.

Quando escreveu o *Manifesto*, nas primeiras semanas de 1848, Marx acreditava que o capitalismo burguês já havia cumprido suas obrigações e em breve seria soterrado por suas próprias contradições. Ao agrupar em tecelagens e fábricas os trabalhadores até então isolados, a indústria moderna criara as verdadeiras condições para que o proletariado constituísse uma força irresistível. "O que a burguesia produz são, sobretudo, seus próprios coveiros." Entretanto, por acreditar que entoava uma oração fúnebre, Marx se permitia ser generoso diante da prostração do adversário. Um crítico descreveu o manifesto como "uma celebração lírica das conquistas da burguesia", e os primeiros leitores freqüentemente se espantavam com o louvor que dedicava ao inimigo:

> Historicamente, a burguesia desempenhou um papel revolucionário. Onde quer que tenha assumido o poder, pôs fim a todas as relações feudais, patriarcais e idílicas. Destruiu impiedosamente os vários laços feudais que ligavam os homens a seus "superiores naturais", deixando como única forma de relação entre os homens o laço do frio interesse, o insensível "pagamento à vista". Afogou os êxtases sagrados do fervor religioso, do entusiasmo cavalheiresco e do sentimentalismo pequeno-burguês nas gélidas águas do cálculo egoísta. Fez da dignidade pessoal um simples valor de troca. ... A burguesia não pode existir sem revolucionar de modo permanente os meios de produção e, por conseguinte, as relações de produção – e, com elas, todas as relações sociais.

Com maior grandeza e complexidade, Marx retomaria esses temas no *Capital*. Por ora, contudo, não havia tempo para elaborações. Tanto a frase de abertura do *Manifesto* ("Um espectro ronda a Europa – o espectro do comunismo") quanto sua igualmente famosa conclusão ("Que tremam as classes dominantes diante da revolução comunista ... PROLETÁRIOS DE TODO O MUNDO, UNI-VOS!") confirmam que, não obstante sua incomparável inteligência, essa era uma peça de propaganda escrita às pressas, no momento em que a insurreição parecia iminente.

Por feliz coincidência, a revolução de fato irrompeu na semana da publicação do *Manifesto*, em fevereiro de 1848, primeiro em Paris e depois, como um estopim, por grande parte da Europa continental. Após a abdicação do rei Luís Felipe e a proclamação da República francesa, o governo belga, tomado de pânico, determinou que Karl Marx abandonasse o país em 24 horas e jamais retornasse. Felizmente ele havia recebido um convite do novo governo provisório de Paris: "Bom e fiel Marx. ... A tirania o exilou, agora a França livre abre suas portas para você e todos aqueles que lutam pela causa sagrada, a causa fraternal de todos os povos."

Contudo, depois de apenas um mês em Paris, partiria para Colônia na esperança de levar a revolução à Alemanha. A arma escolhida fora, como de costume, a palavra impressa: fundou outro jornal, a *Nova Gazeta Renana*, que, ao longo de sua breve existência, suportou constante assédio oficial. Em julho do mesmo ano, Marx foi levado aos tribunais por "insultar e caluniar o promotor-geral"; em setembro, depois da promulgação da lei marcial, o comandante militar de Colônia suspendeu a publicação do periódico por um mês; em fevereiro, quando qualquer possibilidade de revolução estava completamente extinta, acusaram-no de "incitação à revolta".

Marx, porém, convenceu o júri a absolvê-lo com um brilhante discurso feito do banco dos réus. Finalmente, em maio de 1849, as autoridades prussianas processaram metade do corpo editorial e aconselharam a deportação dos demais – incluindo Marx, que teve sua cidadania cassada.

Retornou a Paris em junho de 1849 e encontrou a cidade sob o domínio de uma reação monarquista e uma epidemia de cólera. Confrontado por uma ordem oficial que o bania para o departamento de Morbiham, na região da Bretanha, então infestado pela malária, refugiou-se no único país europeu ainda disposto a abrigar revolucionários desarraigados. Seguiu de navio para a Inglaterra em 27 de agosto daquele ano e ali permaneceu até sua morte, em 1883. "Parta imediatamente para Londres", escreveu a Engels, que estava em visita à Suíça. "Lá nos entregaremos ao que interessa."

Alguns meses após chegar a Londres, Karl Marx deparou com um trenzinho elétrico em movimento na vitrine de uma loja em Regent Street. Ficou "extasiado e ansioso", de acordo com uma testemunha – não pela emoção da novidade, mas pelas implicações econômicas. "O problema está resolvido – as conseqüências são imprevisíveis", disse ele a seus atônitos camaradas. "No rastro de uma revolução econômica virá a revolução política, pois esta é apenas uma expressão daquela." Parece improvável que qualquer outra pessoa em meio à multidão da Regent Street tenha parado para considerar as conseqüências políticas e econômicas desse cavalo-de-tróia ferroviário; para Marx, era tudo o que importava.

Obteve acesso à sala de leitura do Museu Britânico em junho de 1850 e passou o ano seguinte devorando livros sobre economia e números atrasados da revista *The Economist*. Em abril de 1851 declarava estar tão adiantado que "terei concluído toda a parte econômica em um prazo de cinco semanas". "E, uma vez isso feito, finalizarei a economia política em casa e me dedicarei no museu a outra área de conhecimento." Embora quase todas as noites ocupasse seu assento na sala de leitura, a tarefa que se impusera parecia não ter fim. "O material em que estou trabalhando é tão terrivelmente intricado que, não importa quanto me esforce, não terminarei dentro das próximas seis ou oito semanas", escreveu em junho. "Há, além do mais, constantes interrupções de todos os tipos, inevitáveis nas terríveis circunstâncias em que vegetamos aqui..."

Desde o momento da chegada a Londres, Karl e Jenny Marx viram-se acossados por constantes crises domésticas. Eles já tinham três filhos pequenos, e o quarto nasceria em novembro de 1849. Despejados de um apartamento em Chelsea, em maio de 1850, por não pagarem o aluguel, encontraram abrigo temporário na casa de um negociante de rendas judeu em Dean Street, Soho, onde passaram o verão de maneira miserável, a equilibrar-se no limiar da privação, antes de se mudarem para um apartamento um pouco melhor mais acima, na mesma rua. Engels veio-lhes em resgate, sacrificou as próprias ambições jornalísticas em Londres e retornou ao escritório da Ermen & Engels em Manchester, onde permaneceria pelos próximos 20 anos. Embora a razão fosse em grande parte o intuito de sustentar um amigo brilhante e necessitado, ele agiria como uma espécie de agente infiltrado nas linhas inimigas, enviando a Marx detalhes confidenciais sobre o comércio de algodão e análises especializadas sobre a situação dos mercados internacionais – além de remessas regulares de dinheiro surrupiado da caixa registradora ou retirado de modo fraudulento da conta bancária da companhia.

Mesmo com essas subvenções, a família Marx vivia em grande miséria e iminente desespero. A mobília do apartamento de dois cômodos estava totalmente quebrada, esfarrapada ou rasgada e coberta por uma grossa camada de pó. A família toda – pais, crianças e empregada – dormia em um pequeno quarto nos fundos, enquanto o outro aposento servia de gabinete de estudos, quarto de brincar e cozinha. Um espião da polícia prussiana que conseguiu entrar no apartamento relatou a seus superiores em Berlim:

> Marx leva a vida de um verdadeiro boêmio intelectual. ... Embora freqüentemente fique à toa durante um bom tempo, trabalha dia e noite com persistência incansável ao se defrontar com uma grande quantidade de afazeres. Não tem horário fixo para dormir ou acordar. Em geral fica acordado a noite toda e então se deita completamente vestido no sofá e dorme até a noite seguinte, sem se incomodar com o vaivém dos demais.

Essa existência caótica era pontuada por constantes tragédias familiares. O filho mais novo de Marx, Guido, morreu subitamente de um ataque de convulsões em novembro de 1850; sua filha Franziska faleceu, com apenas um ano, na Páscoa de 1852, depois de um severo surto de bronquite. Outro filho, seu querido Edgar, morreu de tuberculose em março de 1855. Atormentado pela dor, Marx cambaleava à beira da cova, enquanto o caixão baixava à terra, fazendo com que grande parte dos presentes se convencesse de que tinha a intenção de atirar-se sobre o esquife. Por precaução, um braço firme o amparou.

"Se ao menos", escreveu Engels em sua carta de condolências pelo falecimento de Franziska, "houvesse uma maneira de você e sua família se mudarem para uma residência mais espaçosa, em um distrito mais salubre." Não é possível afirmar que a penúria tenha matado Franziska, mas com certeza dominava a vida de seus pais. Credores enfurecidos – açougueiros, usurários e oficiais de justiça – batiam continuamente à porta de entrada exigindo pagamento. "Há uma semana atingi o ponto aprazível que me impossibilita de sair porque meus casacos estão penhorados, e não mais posso comer carne pela falta de crédito", escreveu Marx em fevereiro de 1852. Ainda no mesmo ano, revelaria a Engels: "Durante os últimos oito ou dez dias tenho alimentado minha família unicamente com pão e batatas, e não é garantido que consiga algo hoje. ... Como poderei sair de toda essa desordem infernal?" Naquele momento, Marx recebia uma remuneração regular como correspondente do *New York Daily Tribune*, ao qual submetia dois artigos por semana a duas libras cada. Isso, porém, mesmo somado ao subsídio extra de Engels, não era suficiente – e, é claro, proporcionava mais um motivo para os lapsos de concentração em seu trabalho.

"Apesar de tudo, a coisa se aproxima célere do fim", escreveu em junho de 1851. "Chega uma hora em que se deve forçosamente parar." Isso mostra uma risível falta de autoconhecimento: Marx podia com alegria romper com amigos e associações políticas, mas não tinha a mesma facilidade para abandonar o trabalho – em especial *esta* obra, um vasto compêndio de estatísticas, história e filosofia que afinal desnudaria os vergonhosos segredos do capitalismo. Quanto mais pesquisava e escrevia, mais distante parecia do fim. "O principal", Engels alertou em novembro de 1851, "é que você possa outra vez fazer uma aparição pública com um grande livro. ... É absolutamente essencial romper o silêncio provocado por sua prolongada ausência do mercado editorial alemão."

Contudo, o projeto foi mais uma vez deixado de lado, vítima de outras "constantes interrupções". Imediatamente após o golpe de dezembro de 1851 na França, Marx escreveu *O 18 Brumário de Luís Bonaparte* a pedido de um semanário norte-americano que acabara de ser criado, o *Die Revolution*. Os anos seguintes foram desperdiçados em contendas e polêmicas contra companheiros de exílio. Marx argumentava que, mais que manifestações de ressentimento, eram necessárias intervenções políticas essenciais, uma vez que os falsos messias socialistas – caso não desmascarados – seriam muito mais atraentes às massas que os legítimos monarcas. "Estou engajado em uma luta de vida ou morte contra os falsos liberais", declarou.

O que eventualmente o trouxe de volta aos estudos econômicos foi a aparente chegada do tão aguardado cataclismo financeiro internacional no outono de 1857. A crise começou com um colapso bancário em Nova York e depois espalhou-se por Áustria, Alemanha, França e Inglaterra como um apocalipse galopante. Engels, que convalescia de uma enfermidade, voltou às pressas ao seu posto em Manchester para testemunhar a diversão – preços em queda, falências diárias e pânico selvagem. "Aqui, a aparência geral do comércio [do algodão] é verdadeiramente agradável", relatou ele. "Os colegas estão completamente enfurecidos por meu súbito e inexplicável acesso de bom humor." Marx também estava infectado pelo espírito melodramático do momento. Ao longo do inverno de 1857-58, sentava-se todas as noites em seu gabinete até quatro horas da manhã examinando suas anotações econômicas "para poder ao menos traçar claramente os contornos antes do dilúvio". A inundação jamais veio; Marx continuou a construir sua arca, convencido de que, cedo ou tarde, ela seria necessária. Quando sua aritmética rudimentar provou-se inadequada para fórmulas econômicas complexas, fez um rápido curso de revisão de álgebra explicando que, "para o benefício do público, é absolutamente essencial examinar a matéria a fundo".

Seus rabiscos noturnos, que chegavam a mais de 800 páginas, permaneceram desconhecidos até que o Instituto Marx-Engels de Moscou os divulgasse em 1939. E só se tornaram amplamente disponíveis em 1953, com a publicação da edição alemã dos *Esboços de uma crítica da economia política*. A despeito de sua vasta extensão, os *Esboços* são uma obra fragmentária – descrita por Marx como uma verdadeira mixórdia –, que pode no entanto ser compreendida como o elo entre os manuscritos de Paris, de 1844, e o primeiro volume do *Capital*, de 1867. Há longas seções sobre significado de dinheiro, alienação e dialética que reverberam passagens dos manuscritos de 1844. A diferença que mais chama a atenção é que ele passa a mesclar filosofia e economia, enquanto antes ambas eram tratadas como disciplinas estanques. (Como o escritor alemão Ferdinand Lassalle ressaltou, Marx era "um Hegel que se tornou economista, um Ricardo que virou socialista".) Em determinada parte, a análise da força de trabalho e da mais-valia parece um rascunho da completa exposição dessas teorias no *Capital*.

Marx geralmente se referia a seu trabalho nesse período como "a porcaria econômica", uma frase desdenhosa em que havia, sem dúvida, um resquício de culpa. Já em 1845 ele alegava que o tratado sobre economia política estava quase terminado, mas ao longo dos 13 anos seguintes repetiu e enriqueceu a mentira tantas vezes que a expectativa de seus amigos foi alçada a um nível quase insuportável. A julgar pelo tempo despendido, eles presumiam que a obra deveria de fato apresentar uma enorme carga explosiva que destruiria instantaneamente os falsos alicerces do edifício capitalista. Os comunicados regulares enviados a Engels em Manchester mantinham o mito de que a conclusão estava próxima. "Acabei de demolir a teoria do lucro tal como foi até agora formulada", anunciou radiante em janeiro de 1858. Na verdade, porém, tudo que tinha a mostrar após aqueles dias inteiros no Museu Britânico e as longas noites sentado à sua escrivaninha era uma pilha instável de anotações não-publicáveis, repletas de apontamentos fortuitos.

No início de 1858, Ferdinand Lassalle se ofereceu para arranjar para Marx um contrato com um editor berlinense chamado Duncker (cuja esposa era curiosamente uma das amantes de Lassalle). Marx informou ao editor que sua "exposição crítica do sistema da economia burguesa" se dividiria em seis livros, que deveriam ser publicados em fascículos: "1. O capital (com alguns capítulos introdutórios). 2. A propriedade territorial. 3. O trabalho assalariado. 4. O Estado.

5. O comércio internacional. 6. O mercado mundial." O primeiro volume estaria pronto para impressão em maio daquele ano, o segundo sairia em poucos meses e assim por diante. Entretanto, como era comum acontecer ao enfrentar prazos apertados para entregar seus escritos, o corpo de Marx rebelava-se em protesto. "Estive tão doente esta semana por causa do meu problema biliar que estou incapacitado de pensar, escrever ou, na verdade, de fazer qualquer outra coisa", confidenciou a Engels em abril de 1858. Acossado por dores no fígado, descobriu que sempre que se sentava e escrevia por algumas horas tinha de se deitar completamente imóvel por alguns dias.

Aquela era uma lamúria já usual. "Santo Deus, como estávamos acostumados àquelas desculpas para a não-finalização da obra", comentou Engels muitos anos depois ao reler algumas cartas antigas. Como o próprio Marx admitiu: "Minha doença sempre se origina na mente." Mas as outras distrações em nada eram psicológicas: uma tosse colossal prostrou sua filha Eleanor; os nervos de sua esposa estavam "em ruínas"; o penhorista e o cobrador reclamavam pagamento. Como afirmou Marx, com irônica amargura, "não creio que alguém jamais tenha escrito algo sobre 'dinheiro' com tão pouco dele a seu dispor". Mesmo sem ter escrito quase nada ao longo do verão, prometeu no final de setembro de 1858 que o manuscrito estaria terminado "em duas semanas" – mas confessou um mês depois: "Muitas semanas ainda são necessárias para que eu esteja pronto a enviá-lo." Tudo conspirava contra. Até a crise econômica mundial, que fracassara cedo demais, provocou-lhe uma indisposição que lhe deu, em conseqüência, "a mais terrível dor de dente".

Em meados de novembro, seis meses depois do prazo proposto a princípio, Lassalle gentilmente perguntou-lhe, em nome do editor berlinense, se o livro estava próximo do final. Marx respondeu que o atraso "simplesmente representava o esforço de retribuir com o melhor valor o seu dinheiro". Como explicou:

> O estilo de tudo que escrevi parecia manchado de problemas biliares. E tenho um duplo motivo para não permitir que esta obra se estrague por razões médicas.
>
> É o produto de mais de 15 anos de pesquisa, isto é, os melhores anos de minha vida.
>
> Nela, uma importante visão das relações sociais é exposta pela primeira vez em termos científicos. Não posso consentir, portanto, em respeito ao partido, que seja desfigurada por essa espécie de estilo pesado e canhestro tão próprio a um fígado doentio. ...
>
> Dentro de quatro semanas terei terminado, tendo só agora começado a escrever da maneira correta.

Isso deve ter sido uma surpresa para Lassalle, a quem, ainda em fevereiro, assegurara que o texto estava nos "estágios finais". Engels também ficou chocado. Finalmente, depois de enviar uma parte a Berlim em janeiro de 1859, Marx lhe disse: "O manuscrito soma cerca de 12 folhas (192 páginas) de impressão (três fascículos), e – não se espante com isso –, embora intitulado 'Capital em geral', esses fascículos ainda nada contêm sobre o tema do capital." Depois de todas as ruidosas e prolongadas bravatas, Marx produzira nada mais que um pequeno volume. A metade era simplesmente um resumo das teorias de outros economistas. A única parte de fato autêntica era um prefácio autobiográfico que descrevia como a leitura de Hegel e a experiência jornalística na *Gazeta Renana* o haviam levado à conclusão de que "a anatomia da sociedade civil deve ser buscada na economia política".

À medida que se aproximava o dia da publicação, Marx imaginava um exagerado sucesso de vendas, prevendo que o livro – agora intitulado *Contribuição à crítica da economia política* – seria traduzido e admirado em todo o mundo civilizado. Mas seus amigos estavam perplexos: o socialista alemão Wilhelm Liebknecht disse que nunca um livro o desapontara tanto. Raras foram as resenhas. "As esperanças secretas que alentamos por tanto tempo em relação ao livro de Karl foram todas reduzidas a pó pelo silêncio conspiratório dos alemães", queixou-se Jenny Marx. "O segundo fascículo deverá demover os apáticos da letargia."

O fascículo seguinte estava previsto para alguns meses depois da publicação do primeiro. Marx agora ajustara um pouco o prazo final, impondo dezembro de 1859 como "limite máximo" para concluir sua tese sobre o capital, que fora tão inexplicavelmente omitida da *Crítica*. Entretanto, seus cadernos de economia permaneceriam fechados sobre a mesa pelos próximos anos, enquanto ele persistia em sua contenda com Karl Vogt, da Universidade de Berna, com artigos de jornal, ações difamatórias e um livro inteiro. A contenda só chegaria a um termo quando o rei da Prússia, que acabara de assumir, celebrou sua coroação com uma anistia para emigrados políticos, despertando em Marx a esperança de retornar à sua casa e encontrar um jornal nos moldes da *Nova Gazeta Renana*. Isso motivou uma longa e infrutífera viagem à Alemanha na primavera de 1861, financiada por Ferdinand Lassalle, com o objetivo de angariar recursos. Marx depois retribuiu a hospitalidade quando Lassalle decidiu retornar a Londres para a segunda Exposição Internacional, em 1862. "O companheiro desperdiçou meu tempo", resmungou Marx durante a terceira semana daquela provação, "e, além do mais, o palerma opinou que, como não me engajei até agora em qualquer 'negócio', mas simplesmente em uma 'obra teórica', posso gastar meu tempo com ele!"

A zombaria de Lassalle sobre a "teoria" representou a alfinetada que Marx precisava para finalizar seu trabalho tão calamitosamente interrompido pelo duelo com Vogt. Com poucos encargos jornalísticos para distraí-lo, refugiou-se outra vez na sala de leitura do Museu Britânico e reuniu munição para seu assalto final ao capitalismo. As anotações que fez em 1862 e 1863 preenchiam mais de 1.500 páginas. "Estou expandindo este volume, já que aqueles salafrários alemães estimam o valor de um livro de acordo com sua capacidade cúbica", explicou. Os problemas teóricos que o haviam derrotado até aquele momento eram agora tão claros e revigorantes como um copo de gim. Tome-se, por exemplo, a questão dos arrendamentos fundiários – ou o "imundo negócio dos arrendamentos", como Marx chamava. "Acalentei por muito tempo apreensões a respeito da absoluta exatidão da teoria de Ricardo, e, ao final, cheguei à essência do engano." David Ricardo simplesmente confundiu valor e preço de custo. Os preços dos produtos agrícolas eram maiores que os seus valores verdadeiros (medidos pelo tempo de trabalho neles cristalizado), e o grande proprietário rural embolsava a diferença na forma de uma renda maior; mas, sob um sistema socialista, esse excedente seria redistribuído em benefício dos trabalhadores. Ainda que o preço de mercado fosse o mesmo, o valor dos bens – seu "caráter social" – mudaria completamente.

O prazer de Marx com seu progresso provocou um elevado otimismo. No final de 1862, um admirador de Hanôver, o dr. Ludwig Kugelmann, escreveu-lhe para perguntar quando se poderia esperar a seqüência de *Contribuição à crítica da economia política*. "A segunda parte está agora finalmente concluída, a não ser pela falta de uma cópia legível e do polimento final antes de seguir para a impressão", respondeu Marx. Ele também revelou pela primeira vez que o embaraçoso título do trabalho, *Para a crítica da economia política, volume II*, fora abandonado. Por alguma lógica inversa, grandes livros mereceriam nomes curtos, e assim "aparecerá isoladamente com o título *O Capital*".

Na verdade, seria necessária ainda muita carpintaria antes que a madeira bruta estivesse pronta para o "polimento final"; e em breve uma nova distração o atrairia para longe desse trabalho. Marx recusara todos os convites para participar de novos grupos políticos desde o colapso da Liga Comunista em 1850: "Convenci-me de que meus estudos teóricos eram mais importantes para a classe trabalhadora que minha participação em associações cuja hora já passara." Mas em setembro de 1864 a curiosidade levou a melhor sobre ele. Recebeu um convite para o encontro inaugural da Associação Internacional de Trabalhadores, uma aliança anglo-francesa de sindicalistas e socialistas. Embora sua participação se restringisse a uma silenciosa observação, ao final da noite ele foi cooptado para o Conselho Geral – e em 1865 se tornaria *de facto* o líder da organização.

Tal compromisso lhe consumia ainda mais tempo. Uma carta a Engels em março de 1865 descreve uma típica semana de trabalho de Marx naquele período: a noite de terça foi dedicada ao Conselho Geral, que deliberou até depois da meia-noite; no dia seguinte houve um comício em Covent Garden para assinalar o aniversário da insurreição polonesa; sábado e domingo foram devotados aos encontros do comitê, que se prolongaram até uma hora da madrugada, para tratar "da questão francesa"; e assim até terça, com outra longa altercação entre integrantes ingleses e franceses no Conselho Geral. Em meio a todos esses compromissos, havia pessoas que faziam tudo para vê-lo em uma conferência sobre o sufrágio, a ser realizada na semana seguinte. "Que desperdício de tempo!", suspirava ele. Engels concordava. Por que seu amigo despendia tantas horas assinando cartões de filiação e debatendo com os irascíveis homens do comitê quando poderia estar na escrivaninha escrevendo *O Capital*? "Sempre acreditei que a *fraternité* ingênua na Associação Internacional não duraria muito", advertiu Engels pouco depois de outra destrutiva e barulhenta disputa com os franceses. "Haverá muitos outros momentos como este na associação que lhe tomarão uma grande quantidade de tempo."

Ao longo do verão de 1865, Marx vomitava todos os dias ("pelo clima cálido e o conseqüente problema biliar") e encontrava-se infestado de furúnculos. Um súbito influxo de hóspedes em casa – o irmão de Jenny veio da Alemanha, o cunhado de Marx chegou da África do Sul, uma sobrinha que morava em Maastricht apareceu – causava novas interrupções que não eram bem-vindas. Havia também a já mencionada fila de credores "batendo à porta, mais e mais insuportável a cada dia". No entanto, no núcleo desse redemoinho, sua obra-prima ignorada estava próxima da conclusão. No final do mesmo ano, *O Capital* era um manuscrito de 1.200 páginas, repleto de rasuras confusas e rabiscos ininteligíveis que lhe davam a aparência de um borrão. No ano-novo de 1866, sentou-se para passá-lo a limpo, "lambendo o filhote após longas dores de parto". Demorou quase um ano. Nem mesmo o problema biliar e os furúnculos poderiam impedi-lo: quando uma crise de hemorróidas o impediu de sentar-se, escreveu de pé diante da escrivaninha as poucas páginas que faltavam. (O arsênico, anestésico usual, "entorpece demais meu pensamento, e eu preciso manter a cabeça no lugar".) O olhar experiente de Engels de imediato vislumbrava certas passagens no texto em que os furúnculos deixavam suas marcas, e Marx concordava que eles talvez tivessem dado à prosa uma tonalidade mais esmaecida. "Em todo caso, espero que a burguesia se lembre de meus furúnculos até o dia de sua morte", praguejou. "Como são desprezíveis!"

Os furúnculos desapareceram tão logo terminou a última página. "Sempre tive a sensação", afirmou-lhe Engels, de "que esse livro desgraçado, que o acompanhou durante tanto tempo, estava por trás de seu infortúnio, e que você não iria nem poderia jamais se desembaraçar de tudo até que o tirasse de suas costas." Sentindo-se "tão avidamente disposto como 500 porcos", Marx partiu para Hamburgo em abril de 1867 a fim de entregar o manuscrito e supervisionar a impressão. Nem mesmo a notícia de que o editor aguardava os próximos dois volumes antes do final do ano podia abalar sua boa disposição. "Espero e confio que em um ano o terei finalizado", previu. As reações daqueles que tiveram a oportunidade de entrever algumas partes da obra o encorajaram a esperar que seu nome ressoasse por toda a Europa. Nas palavras de Johann Georg Eccarius, um antigo aliado da Liga Comunista e da Associação Internacional de Trabalhadores: "O profeta em pessoa vê publicada nesse exato momento a quintessência de toda sua sabedoria."

2

Nascimento

"Todo começo é difícil; isso vale para qualquer ciência", alertava Marx no prefácio do *Capital*. Poderia ter acrescentado: muito mais difícil é o fim, pois o primeiro volume foi o único que concluiu antes de morrer. Os anos de luta e trabalho árduo deixaram-no física e mentalmente exaurido.

"Não espere pelo segundo volume", escreveu ao tradutor russo em outubro de 1868. "A publicação talvez se atrase outros seis meses. Não posso terminá-lo até que certos dados oficiais, coletados durante o último ano e em 1866, na França, nos Estados Unidos e na Inglaterra, sejam coligidos e divulgados." Em 1870 tinha uma nova desculpa para os atrasos:

> Não só fui contido por minha doença ao longo de todo o inverno, como descobri ser necessário investir em meu russo. Pois, ao lidar com a questão fundiária, tornou-se essencial o estudo, a partir de fontes primárias, das relações de propriedade de terra na Rússia.

Ao longo dos anos seguintes, acumulou uma montanha de estatísticas e livros russos – para grande irritação de Engels, que, segundo confessava, adoraria tocar fogo naquilo tudo. Ele suspeitava que Marx estivesse usando seus arquivos como uma barricada atrás da qual se escondia dos apelos exasperados de amigos e editores.

A suspeita era plenamente justificada. Quando começou a organizar o volume seguinte a partir da montanha de papéis deixada após a morte de Marx, em 1883, Engels descreveu a extensão de sua tarefa em uma carta ao socialista alemão August Bebel:

> Ao lado de partes totalmente concluídas estão outras apenas esboçadas; com exceção talvez de dois capítulos, tudo o mais não passa de rascunho. Citações sem qualquer tipo de ordem, amontoadas de forma confusa e coletadas com o único propósito de uma futura seleção. Além do mais, há a caligrafia que com certeza ninguém senão eu consegue decifrar, e mesmo assim com bastante dificuldade. Você me pergunta por que eu, entre todas as pessoas, não percebi quão longe isso tinha chegado. É bastante simples: se soubesse, eu o importunaria dia e noite até que tudo estivesse terminado e impresso. E Marx sabia disso melhor que ninguém.

O segundo livro foi publicado em 1885, seguido por um terceiro (também compilado por Engels) em 1894. O que geralmente se denomina "o quarto volume", *Teorias da mais-valia*, saiu em 1905, editado por Karl Kautski a partir das anotações de Marx, em meados dos anos 1860, sobre a história da economia, em grande parte composta por excertos de teóricos anteriores, como Adam Smith e David Ricardo.

Em suma, *O Capital* é uma obra incompleta e fragmentada: o plano original de Marx, cabe lembrar, previa seis volumes. Nas palavras do especialista marxiano Maximilien Rubel, "não temos diante de nós uma bíblia marxista de cânones eternamente codificados". Isso deve ser enfatizado porque muitos comunistas tratavam a obra como uma escritura sagrada. Argumentavam que tudo o que Marx dissera era verdadeiro – e o que não foi dito, por conseguinte, não era verdade. As duas alegações são insustentáveis: há silêncios e omissões que poderiam ter sido resolvidos se ele dispusesse de tempo e energia suficientes; e há erros e concepções equivocadas, dos quais seus críticos se apoderaram de maneira triunfante, e que podem igualmente ser reconhecidos pelos admiradores do *Capital*. "O fato de que Marx tenha descoberto com brilhantismo um novo continente", declara o economista Michael Lebowitz, "não significa que o tenha mapeado de modo adequado."

A *terra incognita* que ele desbravou era o novo mundo do capitalismo industrial, uma paisagem ignorada por Adam Smith. Desde o início Marx alertava os leitores para o fato de que estavam penetrando uma terra de fantasia onde nada é o que parece. Observe-se a escolha verbal logo na primeira sentença do *Capital*: "A riqueza das sociedades em que domina o modo de produção capitalista *aparece como* uma 'imensa coleção de mercadorias', e a mercadoria individual, como sua forma elementar" (grifo meu). Embora menos dramática que a célebre sentença de abertura do *Manifesto Comunista* ("Um espectro ronda a Europa..."), o argumento é semelhante: somos introduzidos em um mundo de espectros e fantasmagorias. As páginas do *Capital* contêm frases como "objetividade fantasmagórica", "aparência sem substância", "meras ilusões" e "falsa aparência". Somente ao transpor os véus da ilusão pôde ele revelar a exploração que dá vida ao capitalismo.

A mercadoria, argumenta Marx, tem duas propriedades: o valor de uso e o de troca. A utilidade de um objeto é suficientemente óbvia: um casaco nos aquece e protege, um pedaço de pão nos alimenta. Se o valor de troca fosse uma medida de utilidade, o pedaço de pão exigiria um preço muito mais alto que, digamos, um vistoso colete de seda estampada, o que evidentemente não é o caso. Como, então, se estabelece o valor de troca?

> Tomemos agora duas mercadorias, trigo e ferro. Seja qual for sua relação de troca, será sempre possível representá-la por uma equação em que dada quantidade de trigo é igualada a alguma quantidade de ferro. Por exemplo: 1 *quarter* de trigo = *x* quintais de ferro. O que diz essa equação? Que algo em comum da mesma grandeza existe em duas coisas diferentes, em 1 *quarter* de trigo e igualmente em *x* quintais de ferro. Ambas são, portanto, iguais a uma terceira, que em si e para si não é nem uma nem outra. Cada uma das duas, como valor de troca, deve portanto ser redutível a essa terceira.

O que há de comum entre as mercadorias é o fato de serem produtos do trabalho. Assim, o valor de um objeto deve refletir a quantidade de trabalho nele "cristalizado" – o trabalho diretamente envolvido na fabricação de um objeto, bem como o trabalho que produziu as máquinas usadas na manufatura e também aquele despendido na elaboração de matéria-prima. (Marx apressa-se em explicar o que entende por "tempo de trabalho socialmente necessário": são as horas que um trabalhador médio leva para completar sua tarefa. Do contrário, seria possível supor que uma mercadoria feita por trabalhadores desajeitados e preguiçosos é mais valiosa, uma vez que sua produção leva mais tempo.)

Até esse ponto nada de novo: "teorias do valor-trabalho" semelhantes foram propostas por Adam Smith, David Ricardo e muitos outros economistas clássicos. Smith começa *A riqueza das nações* com a seguinte assertiva: "O trabalho anual de cada nação constitui o fundo que originalmente lhe fornece todos os bens necessários e todos os confortos materiais para a vida..." Marx, contudo, vai além disso. Assim como as mercadorias têm um caráter dual – possuem tanto valor de uso quanto de troca –, o trabalho por si só apresenta uma natureza dupla. O valor de uso é criado pelo trabalho "concreto" ou "útil", definido por Marx como "determinada atividade produtiva adequada a certo fim"; já o valor de troca deriva do trabalho "abstrato" ou "indiferenciado", medido puramente em termos de duração – e há entre os dois uma tensão inerente. Um alfaiate, por exemplo, pode se esforçar para fazer o casaco mais resistente que sua capacidade permita. No entanto, caso seja demasiado resistente, o comprador não precisará voltar para comprar um novo casaco, o que porá em risco o comércio do alfaiate. O mesmo se aplica ao tecelão que cria o tecido com o qual se costurou o casaco. A necessidade de criar valor de uso encontra-se, portanto, em conflito com a necessidade de criação de valor de troca.

Para ilustrar os dois aspectos referentes ao trabalho, Marx lança-se a uma reflexão longa e progressivamente surreal sobre os valores relativos do casaco e de 20 varas de linho. "Essa comparação comprova apenas que ele (o casaco) significa mais dentro da relação de valor com o linho que fora dela, assim como algumas pessoas significam mais dentro de um casaco com galões que fora dele." No que diz respeito ao valor de uso, o linho é algo nitidamente distinto do casaco; mas, como valor, é na verdade a mesma coisa, uma expressão do trabalho abstrato.

> Assim, o linho recebe uma forma de valor diferente de sua forma natural. Sua existência como valor aparece em sua igualdade com o casaco, assim como a natureza de carneiro do cristão revela-se em sua semelhança com o Cordeiro de Deus.

Essa jocosa analogia deveria nos prevenir para o fato de que estamos lendo uma anedota, uma jornada picaresca pelos reinos do mais elevado *nonsense*. Ainda estudante, Marx se apaixonara pelo digressivo romance de Laurence Sterne, *A vida e as opiniões do cavalheiro Tristram Shandy*. Trinta anos depois descobria um tema que lhe permitia mimetizar o estilo solto e fragmentário inaugurado por Sterne. Como *Tristram Shandy*, *O Capital* é cheio de paradoxos e hipóteses, intricadas explicações e tolas extravagâncias, narrativas fracionadas e curiosas excentricidades. De que outro modo poderia ele fazer justiça à lógica misteriosa e em geral confusa do capitalismo? Como observa Marx ao final de sua exaustiva ladainha sobre linho e casacos: "À primeira vista, a mercadoria parece algo trivial, evidente. Ao analisá-la, vê-se que é algo muito complicado, repleto de sutilezas metafísicas e teológicas."

Quando da madeira se faz uma mesa, esta continua sendo madeira – uma coisa ordinária, material. Mas, ao ser transformada em mercadoria, ela transcende a materialidade.

> Não só coloca os pés no chão; ela, em relação a outras mercadorias, se põe sobre a cabeça e desenvolve em sua mente de madeira idéias grotescas, muito mais assombrosas do que se começasse a dançar por iniciativa própria.

Uma vez que diferentes mercadorias refletem o trabalho de seus produtores, o relacionamento social entre os homens "assume a forma fantasmagórica de uma relação entre coisas". A única analogia que Marx encontra para essa bizarra transformação está no nebuloso reino da religião:

> Lá, os produtos do cérebro humano (isto é, os deuses) parecem figuras autônomas, dotadas de vida própria, que mantêm relações entre si e com os homens. Assim é também no mundo das mercadorias e dos produtos feitos pela mão humana. A isso eu chamo de fetichismo que adere aos produtos do trabalho quando são produzidos como mercadorias.

No sentido religioso, os fetiches são objetos venerados por seus supostos poderes sobrenaturais, tais como as relíquias dos santos da Europa medieval. (Já em 1842, Marx, com apenas 24 anos, ridicularizou um autor alemão segundo o qual essa forma de fetichismo "eleva o homem acima de seus desejos sensoriais", impedindo que ele se torne um mero animal. Longe de libertar o homem de seus desejos relativos aos sentidos, objetou Marx, o fetichismo *é* a religião do desejo sensorial: "A fantasia, originando-se no desejo, leva ilusoriamente o adorador do fetiche a acreditar que um objeto inanimado abrirá mão do caráter natural que possui no intuito de satisfazer os desejos dele.") Em uma economia capitalista, o fetichismo é a crença de que as mercadorias têm algum valor místico *intrínseco*. Como os ossos dos santos, esta é uma ilusão. "Até agora", escreve Marx, "nenhum químico descobriu valor de troca em pérolas ou diamantes."

A escolha desse exemplo é bastante curiosa, pois expõe as limitações da própria teoria de Marx. Se, como sugere, o valor de troca de pérolas e diamantes deriva unicamente do tempo de trabalho gasto em sua extração e transformação, por que as pessoas pagam às vezes centenas de milhares de libras por um solitário de diamante ou um colar de pérolas? Tais preços extraordinários não devem algo ao caráter de exclusividade, ao sentimento de beleza, ou até mesmo ao prestígio social? Se o tempo de trabalho fosse isoladamente o fator determinante, um rabisco de Picasso em um guardanapo ou um chapéu que pertenceu a John Lennon valeriam pouco mais que algumas libras – e o "valor" de uma garrafa de vinho tinto proveniente de uma ótima safra seria idêntico ao de uma safra inferior, se ambos encerrarem a mesma quantidade de trabalho.

Os discípulos mais reverentes de Marx lidam com esses problemas rejeitando-os como excêntricas e irrelevantes exceções à regra. Além do mais, o próprio Marx não sugeriu que as mercadorias tinham "sutilezas metafísicas e teológicas"? A teoria que relaciona o valor de algo com o trabalho despendido para produzi-lo talvez ajude pouco na compreensão de por que alguns tufos da cabeleira de Elvis Presley, guardados pelo seu barbeiro, alcançaram a quantia de 115 mil dólares em um leilão em 2002; mas talvez a noção de fetichismo da mercadoria – "a magia e a necromancia que nublam os produtos do trabalho" – ofereça ao menos uma explicação parcial.

De forma geral, de acordo com Marx, o fetichismo da mercadoria representa "a dominação da coisa sobre o homem, do trabalho morto sobre o trabalho vivo, do produto sobre o produtor". (Aqui novamente vemos o lento desabrochar de uma imagem semeada muitos anos antes. Um de seus primeiros artigos da *Gazeta Renana*, em 1842, abordava uma nova lei que impedia que os camponeses apanhassem madeira morta em florestas particulares, direito que usufruíam desde tempos medievais. "Há a possibilidade que algumas árvores jovens possam ser danificadas", relatou Marx, "e não é necessário dizer que os ídolos de madeira triunfam, e os seres humanos são sacrificados!" A idéia voltou à tona em um discurso de 1856 para uma audiência de cartistas: "Em nossos dias, tudo parece impregnado de seu contrário. ... Todas as nossas invenções e progressos parecem dotar as forças materiais de vida intelectual e reduzir a vida humana a força material".) "Tudo que é sólido se desmancha no ar", escreveu ele no *Manifesto Comunista*; no *Capital*, tudo que é verdadeiramente humano se desmancha em objetos inanimados que adquirem vida e vigor assustadores.

Surge então outra dificuldade, da qual Marx não se esquiva: *por que* os trabalhadores são tiranizados e alienados pelos objetos que criam? Se o valor de uma mercadoria é criado pelos trabalhadores, por que eles não ficam com a totalidade desse valor? Isso geralmente ocorre, argumenta ele, em economias não desenvolvidas. "Naquele estado original das coisas, que precede tanto a apropriação da terra quanto a acumulação de capital, o produto integral do trabalho pertence ao trabalhador. Este não tem senhor nem proprietário fundiário com o qual deva repartir o fruto de seu trabalho", escreveu Adam Smith na *Riqueza das nações*. Se um carpinteiro vende uma mesa e usa o dinheiro para comprar um saco de trigo, as transações podem ser descritas pela fórmula *M-D-M* – as mercadorias (*M*) são transformadas em dinheiro (*D*), que então é reconvertido em outras mercadorias. Mas há uma outra forma de circulação de mercadorias, cada vez mais predominante no capitalismo industrial, que pode ser descrita como *D-M-D*. O capitalista usa o dinheiro para comprar várias mercadorias – força de trabalho, matéria-prima, maquinaria – que produzem uma nova mercadoria, por sua vez vendida no mercado.

Os dois ciclos podem ser divididos nas mesmas fases antitéticas: *M-D* (venda) e *D-M* (compra). O que distingue uma da outra é a ordem de sucessão: em um caso, o ponto de partida e de chegada do movimento são as mercadorias; no outro, o dinheiro.

> Na circulação *M-D-M*, o dinheiro é ao final convertido em mercadoria e funciona como valor de uso. O dinheiro está, assim, definitivamente gasto. Na forma inversa, *D-M-D*, o comprador gasta dinheiro para, como vendedor, recuperá-lo. ... Ele libera o dinheiro só com a astuciosa intenção de apoderar-se dele novamente. O dinheiro é, portanto, apenas adiantado.

Enquanto na "circulação simples de mercadorias", representada por *M-D-M*, o duplo deslocamento da mesma quantidade de dinheiro provoca sua definitiva transferência de uma mão para outra, em *D-M-D* o duplo deslocamento da mesma mercadoria leva o dinheiro a fluir de volta a seu ponto de partida.

Não haveria sentido em entregar-se a esse elaborado ritual se o investimento inicial retornasse sem alteração. Por isso, Marx reescreve a fórmula como *D-M-D'*, em que *D'* é o valor original mais um acréscimo. "Chamo este incremento, ou excedente sobre o valor original, de 'mais-valia'." É o movimento de *D* para *D'* que converte o dinheiro em capital. Obviamente, ele admite ser "também possível que, em *M-D-M*, os dois extremos, *M* e *M*, por exemplo, milho e roupas, representem grandezas de valor quantitativamente diferentes. O camponês pode vender seu grão acima do valor ou comprar as roupas abaixo do valor delas. Pode também ser enganado pelo comerciante de roupas". Porém, tal diferença de valor é "puramente casual" e não invalida a distinção básica entre as duas fórmulas. A circulação simples de mercadorias – vender para comprar – é um meio de alcançar um fim: a satisfação das necessidades. A circulação do dinheiro como capital é um fim em si mesmo.

É a mais-valia que transforma o dinheiro em capital. Mas de onde ela provém? Marx investiga esse mistério a partir da perspectiva de um capitalista aprendiz. Cada estágio da circulação – *D-M* e *M-D'* – é uma mera troca de equivalentes. Se os bens são trocados com base em seu valor real, seria impossível que aqueles que possuem dinheiro obtivessem lucro:

> Admita-se que seja permitido aos vendedores, por um privilégio inexplicável, vender a mercadoria acima do seu valor, a

> 110, quando ela vale 100, portanto com um aumento nominal de 10% do preço. O vendedor embolsa uma mais-valia de dez. Mas depois de ter sido vendedor, ele se torna comprador. Um terceiro possuidor de mercadorias vai ao seu encontro agora como vendedor e goza por sua vez do privilégio de vender sua mercadoria 10% mais cara. Nosso amigo ganhou dez como vendedor para perdê-los como comprador. De fato, o resultado dessa rede é que todos os possuidores de mercadorias vendem reciprocamente suas mercadorias 10% acima do valor, o que é exatamente o mesmo que vender as mercadorias por seus valores verdadeiros. ... Tudo fica como antes.

Deve haver circunstâncias particulares – como no caso do camponês e do comerciante de roupas – em que um capitalista de incorrigível estupidez seja convencido a comprar mercadorias acima de seu valor ou vendê-las muito barato, mas este dificilmente pode ser o princípio subjacente a todo o sistema. Para extrair mais-valia, o possuidor de dinheiro deve encontrar uma mercadoria que tenha a peculiar propriedade de adquirir mais valor durante o consumo que o valor de fato empregado na produção. Se tiver sorte, nosso homem descobre uma mercadoria com essa característica única – a força de trabalho, que tem "a qualidade oculta de gerar valor para si própria. Dá origem a filhotes vivos ou ao menos põe ovos de ouro".

A força de trabalho, de acordo com Marx, é uma mercadoria, por isso seu valor é medido, como o de qualquer outra mercadoria, pela quantidade de tempo de trabalho necessário para produzi-la e reproduzi-la. (Outro eco de Adam Smith, que escreveu: "A demanda por homens necessariamente governa a produção dos homens como qualquer outra mercadoria.") Pode parecer grotesco estimar o valor dos seres humanos como se fossem latas de feijões cozidos, mas é justamente esta a tese de Marx: para o possuidor de dinheiro, o mercado de trabalho nada mais é que um ramo do mercado. Como o capitalista estima, porém, o valor dessa mercadoria específica?

> Se o proprietário da força de trabalho esteve no batente hoje, ele deve poder repetir o mesmo processo amanhã, sob as mesmas condições de força e saúde. A soma dos meios de subsistência deve, pois, ser suficiente para mantê-lo como indivíduo trabalhador em seu estado de vida normal. As próprias necessidades naturais, como alimentação, roupa, aquecimento, moradia etc. são diferentes de acordo com o clima e outras peculiaridades naturais de um país. Por outro lado, o número e a extensão das necessidades básicas, assim como a forma de satisfazê-las, são um produto histórico. ... Diferentemente das outras mercadorias, a determinação do valor da força de trabalho contém um elemento histórico e moral. No entanto, para certo país, em determinado período, a quantidade média necessária para a produção dos meios básicos de subsistência é um dado conhecido.

Uma vez que o trabalhador é mortal, o cálculo deve incluir os "meios de subsistência necessários à produção de seus substitutos, isto é, dos filhos de trabalhadores, de modo que essa raça peculiar de mercadorias se perpetue no mercado". Deve também haver um componente – "ínfimo para a força de trabalho comum" – para a educação e o treinamento.

Marx calcula que o total necessário para a sobrevivência equivale a cerca de seis horas de trabalho por dia. Mas o possuidor de dinheiro permitirá que seus trabalhadores larguem o batente ao final das seis horas necessárias? Claro que não. Para receber o salário, devem trabalhar mais cinco ou seis horas, fornecendo, assim, o "mais-trabalho" que gera o lucro. "Não há um único átomo de mais-valia que não derive de trabalho alheio não pago", conclui Marx, que relaciona essa exploração ao "velho procedimento do conquistador que compra as mercadorias dos vencidos com o próprio dinheiro que roubou deles". A única diferença em relação a épocas anteriores é a artimanha empregada para dissimular o roubo de suas vítimas.

Descoberto o segredo, o possuidor de dinheiro naturalmente deseja obter ainda mais de sua galinha dos ovos de ouro. O método mais óbvio é fazer com que os trabalhadores tenham longas jornadas de trabalho, e no Capítulo 8 do *Capital*, "A jornada de trabalho", Marx demonstra o custo humano dessa fórmula aparentemente impessoal.

A Lei Fabril (Factory Act) de 1850 limitou a semana de trabalho britânica a 60 horas. (Sessenta horas de trabalho efetivo, acrescentando-se meia hora de intervalo para o café e uma hora para o almoço, o que significa um turno de 12 horas de segunda a sexta-feira e mais oito horas no sábado.) A lei também criou um pequeno exército de inspetores de fábricas, cujos relatórios semestrais municiaram Marx das provas detalhadas da "avidez dos capitalistas pelo mais-trabalho". Incontáveis minutos, furtados do horário de refeições e descanso dos trabalhadores, constituíam um formidável butim: um dono de fábrica alertou um inspetor para o fato de que, se diminuísse o horário das refeições em dez minutos por dia, ele colocaria anualmente em seu bolso mil libras esterlinas. A imprensa burguesa forneceu mais munição a Marx. Um relatório do jornal *Daily Telegraph* sobre o comércio de rendas em Nottingham revelou que

> ... crianças de nove ou dez anos são arrancadas de suas camas imundas às duas, três ou quatro horas da manhã e obrigadas, para ganhar sua subsistência, a trabalhar até às dez, 11 ou 12 horas da noite; enquanto braços e pernas definham, a estatura se atrofia, as linhas faciais se embotam e a essência se imobiliza num torpor pétreo cuja aparência é horripilante.

Há nesse trecho forte influência da *Situação da classe operária na Inglaterra*, livro escrito por Friedrich Engels em 1845. A obra intercala observações pessoais a informações condenatórias oriundas de jornais, comissões parlamentares, inspetores de fábricas e atas do Parlamento britânico. "Deliciei-me com o testemunho de meus oponentes", escreveu Engels, maravilhado com o fato de o governo da Inglaterra ter publicado tantas evidências contra si próprio. As citações dos "livros azuis"[*] do governo e de artigos do *Economist* no *Capital* demonstram quanto Karl Marx aprendeu com essa técnica.

O capítulo sobre a jornada de trabalho, um dos mais longos do livro, é um compêndio de histórias de horror, moldado apropriadamente por Marx em estilo gótico. "O capital é trabalho morto que apenas se reanima, à maneira dos vampiros, ao sugar o trabalho vivo. E quanto mais trabalho vivo sugar, mais viverá", escreve ele nos parágrafos iniciais. Depois de um banquete de sangue que se estende por mais de 70 páginas, Marx conclui que "o explorador não deixa o trabalhador

---

[*] Denominação geral atribuída às publicações do Parlamento britânico e aos documentos diplomáticos do Ministério das Relações Exteriores. Os livros azuis (*blue books*), assim chamados pela cor de suas capas, são publicados na Inglaterra e constituem a fonte oficial mais importante para a história da economia e da diplomacia no país.

escapar". Para se proteger desse sanguessuga, os trabalhadores "precisam reunir suas idéias e, como classe, conquistar uma lei estatal, uma barreira social intransponível, que os impeça de vender a si e a sua descendência à escravidão e à morte por meio de contrato voluntário com o capital". Mas admite que a lei não seria o suficiente para conter o possuidor de dinheiro e seus parceiros capitalistas, visto que dispõem de outra alternativa para aumentar a produtividade, e portanto a mais-valia.

Se a força de trabalho é de fato uma mercadoria singularmente valiosa, é de esperar que a competição entre os empregadores eleve os salários – e em tempos de pleno emprego isso pode realmente ocorrer. À medida que o custo do trabalho cresce, porém, o possuidor de dinheiro descobre que o investimento em maquinaria poupadora de trabalho, que em outros tempos parecia antieconômico, agora tem um aval financeiro, em especial se o empregador não pode prolongar a jornada de trabalho. Como escreve Marx, "é impulso imanente e tendência constante do capital aumentar a força produtiva do trabalho para tornar a mercadoria mais barata e, pelo barateamento da mercadoria, baratear o próprio trabalhador".

Em tese, as máquinas poderiam aliviar o fardo do trabalhador. Sob o sistema de produção capitalista, argumenta Marx, seus efeitos são invariavelmente nocivos, embora bastante benéficos para o possuidor de dinheiro. (O capítulo sobre maquinaria industrial começa com uma citação dos *Princípios da economia política,* de John Stuart Mill: "É de duvidar que todas as invenções mecânicas até agora introduzidas aliviaram a labuta diária de algum ser humano.") Ao substituir a força humana independente por uma impressionante habilidade produtiva, a máquina submete cada vez mais o trabalhador ao capital.

O trabalhador é substituído justamente por causa das habilidades desumanas dos autômatos, e a capacidade que ele tem de defender sua posição ao se unir a outros trabalhadores – por meio de associações de ofício, por exemplo – diminui à medida que as próprias máquinas reúnem uma força cada vez mais potente. Este é um cenário, como acontece tão comumente no *Capital*, de história de terror:

> No lugar da máquina individual surge um monstro mecânico, cujo corpo enche prédios fabris inteiros e cuja força demoníaca, de início escondida pelos movimentos lentos e comedidos de seus membros gigantescos, irrompe no turbilhão febril seus inúmeros órgãos de trabalho.

Uma vez que prescinde da força muscular humana, a maquinaria se torna também um meio de empregar crianças – que têm corpos mais franzinos, porém membros mais flexíveis –, e assim revoluciona o contrato entre trabalhador e capitalista.

> Com base no intercâmbio de mercadorias, o pressuposto inicial era de que capitalista e trabalhador se confrontariam como pessoas livres: um, possuidor de dinheiro e de meios de produção; outro, detentor de força de trabalho. Mas agora o capital compra crianças e jovens.

Ao transcrever um anúncio que lhe fora apresentado por um inspetor de fábrica inglês – "Precisa-se de 12 a 20 garotos bastante crescidos que pareçam ter pelo menos 13 anos. Salário de quatro libras esterlinas por semana" –, Marx percebe que a busca por trabalhadores infantis se assemelha de forma geral à procura de escravos negros que em outros tempos era anunciada nos jornais norte-americanos. A expressão "que pareçam ter pelo menos 13 anos" deve-se ao fato de que, pela Lei Fabril, crianças até os 12 anos podiam trabalhar apenas seis horas por dia. Um médico oficialmente habilitado era responsável por certificar a idade. Marx observa que a aparente queda no número de crianças com menos de 13 anos trabalhando nas indústrias durante os anos de 1850 e 1860 "se devia, segundo o depoimento dos inspetores de fábrica, em grande parte, aos *certifying surgeons*, que falseavam a idade das crianças de acordo com a ânsia de exploração dos capitalistas e com a necessidade de traficância dos pais".

A utilização de tecnologia pelo capitalista produz uma espécie de moto-perpétuo. Uma máquina que trabalha 16 horas por dia ao longo de sete anos e meio produz tanto quanto uma máquina igual que funcione apenas oito horas por dia durante 15 anos. Embora não transfira maior quantidade de mais-valia ao produto final, permite que o capitalista absorva os lucros duas vezes mais depressa. Por conseguinte, há grande incentivo ao uso da maquinaria pelo máximo possível de horas diárias, e isso graças ao prolongamento dos turnos dos auxiliares de máquinas – e eles não estão em posição de oferecer resistência, uma vez que a automação também intensificou a competição por empregos ao criar o que Marx chama de "exército industrial de reserva", formado pelos desempregados. Essa população trabalhadora excedente é um subproduto necessário do capitalismo industrial e também acaba por se tornar, de modo inverso, uma *alavanca* da acumulação capitalista, ao fornecer "o material humano sempre pronto a ser explorado". Quando o mercado se expande rapidamente ou abre novos empreendimentos, como as estradas de ferro, "grandes massas humanas precisam estar disponíveis para serem subitamente lançadas nos pontos decisivos sem quebrar a escala de produção em outras esferas. A superpopulação é responsável por esse provimento". O padrão cíclico da indústria moderna – um período de mediana vitalidade seguido de produção a todo o vapor, crise e estagnação – depende da permanente constituição, absorção e reconstituição de um exército industrial de reserva. As várias fases do ciclo não só abastecem a superpopulação, mas também se transformam nos agentes mais enérgicos de sua reprodução.

O excedente de força de trabalho por sua vez regula o movimento geral dos salários. Como escreve Marx:

> O exército industrial de reserva pressiona o exército ativo de trabalhadores durante os períodos de estagnação e prosperidade média e contém suas pretensões nos tempos de superprodução e atividade intensa. A superpopulação relativa é, portanto, o ambiente no qual a lei da oferta e da procura de mão-de-obra se movimenta.

Marx não se ilude a respeito da suposta simetria sagrada da lei da oferta e da procura. A demanda por trabalho não é idêntica ao crescimento do capital, pois oferta e demanda "não constituem duas forças independentes que interagem uma com a outra. Os dados estão viciados".

Nesse ponto Marx mira suas armas contra "uma das façanhas da apologética econômica" – a noção disseminada por vários economistas vitorianos de que a introdução de uma nova maquinaria, ou a ampliação da antiga, "libera" os trabalhadores. Eles são "liberados", explica Marx, somente no sentido de que passam a estar completamente desocupados, "e todo novo capital com desejo de funcionar pode dispor deles". Quando encontram emprego, o medo de voltar ao exército de reserva os deixa mais expostos à exploração. Então, conclui Marx, quanto maior a produtividade do trabalho, maior a "grandeza proporcional" do exército industrial de reserva. A conseqüência do aumento da riqueza social é, portanto, um aumento do pauperismo oficial. "*Essa é a lei geral absoluta da acumulação capitalista*", sentencia com fanfarrice para então minar a idéia logo na frase seguinte: "Como todas as outras leis, é modificada em sua realização por variadas circunstâncias, cuja análise não cabe aqui fazer."

Tendo afastado quaisquer objeções, Marx segue em direção a uma das mais notórias assertivas do *Capital*: a de que o capitalismo leva à progressiva "pauperização" ou empobrecimento do proletariado. Inúmeros estudiosos consideraram-na uma afirmação de que a paulatina prosperidade do capitalismo seria alcançada por meio de uma absoluta redução do nível de qualidade de vida e do salário dos trabalhadores, julgando-a assim presa fácil para zombarias. Vejam as atuais classes trabalhadoras, com seus carros zero e fornos de microondas: não parecem muito miseráveis, não é mesmo? O economista norte-americano Paul Samuelson afirmou que toda a obra de Marx pode ser desconsiderada, uma vez que a pauperização dos trabalhadores "simplesmente não ocorreu". Como os livros de Samuelson passaram a ser manuais de economia apresentados a gerações de universitários tanto na Inglaterra quanto na América, essa idéia se tornou senso comum.

Entretanto, ela é um mito baseado na compreensão equivocada do Capítulo 23 do primeiro volume do *Capital* – "A lei geral da acumulação capitalista". "O pauperismo constitui", escreve Marx,

> ... uma condição de existência da produção capitalista e do desenvolvimento da riqueza. Ele pertence aos custos incidentais da produção capitalista, que, no entanto, o capital sabe transferir, em grande parte, de seus ombros para os da classe trabalhadora e da pequena burguesia.

Nessa passagem, ele claramente não se refere a todo o proletariado, mas ao "mais profundo sedimento" da sociedade, tal como as vítimas do desemprego crônico, os doentes, os maltrapilhos – um extrato que existe ainda hoje e agora é habitualmente chamado de subclasse. ("Os pobres estarão sempre convosco", afirmou outro pária judeu, mas nenhum economista até agora sugeriu que os ensinamentos de Jesus devam ser completamente desconsiderados pelos seus vaticínios de eterna pauperização. Até Leszek Kolakowski, um dos mais influentes críticos de Marx no século XX, reconheceu que "a pauperização material não era uma premissa necessária, quer da análise marxiana da desumanização causada pelo trabalho assalariado, quer de suas predições sobre a inescapável falência do capitalismo".)

Marx disse que, sob o capitalismo, haveria um relativo – não absoluto – declínio dos salários. Isso é comprovadamente verdadeiro: nenhuma empresa que desfrute um aumento de 20% da mais-valia abrirá mão de todo o butim em favor dos trabalhadores e concederá um aumento salarial de 20%. "À medida que se acumula capital, a situação do trabalhador, seja sua remuneração alta ou baixa, deve piorar", escreve Marx. A frase crucial aqui é "seja sua remuneração alta ou baixa": o trabalho torna-se cada vez mais distante do capital, não importa quantos carros ou fornos de microondas os trabalhadores possam comprar.

Além disso, Marx deixa bastante claro, no mesmo parágrafo, que sua definição de pobreza (como a de Cristo) não é só uma questão monetária: ela trata da aniquilação do espírito humano. Com o trabalhador atado ao capital "mais firmemente que as correntes de Hefaísto agrilhoaram Prometeu ao rochedo", a miséria de alguns é condição necessária para a riqueza de outros:

> No sistema capitalista, todos os métodos para elevar a produtividade social do trabalho se aplicam à custa do trabalhador. ... Mutilam-no, transformam-no num fragmento de homem, degradam-no e convertem-no em um apêndice da máquina; o trabalho vira um tormento; alienam-lhe as potências intelectuais do processo de trabalho à mesma medida que a ciência é incorporada a este último como potência autônoma; desfiguram as condições sob as quais ele trabalha; submetem-no, durante o processo de trabalho, ao mais mesquinho e odioso despotismo; transformam seu tempo de vida em tempo de trabalho; jogam sua mulher e seu filho sob a roda de Juggernaut do capital. ... A acumulação de riqueza num pólo é, portanto, ao mesmo tempo, acumulação de miséria, o tormento do trabalho, escravidão, ignorância, brutalização e degradação moral no pólo oposto, isto é, do lado da classe que produz seu próprio produto como capital.

A última sentença, analisada isoladamente, poderia ser apontada como outra predição sobre o absoluto empobrecimento financeiro dos trabalhadores, mas apenas alguém insensível – ou um economista – se apegaria a essa interpretação depois de ler a estrondosa invectiva que a precede.

Nos anos 1970, muito se falou de uma iminente "era do ócio", em que, graças à automação, dificilmente trabalharíamos. Houve uma enxurrada de livros que refletiam com seriedade a respeito de como preencheríamos nosso novo tempo livre sem nos tornarmos desesperançadamente letárgicos. Hoje, qualquer pessoa que depare com um desses tratados esquecido em um sebo é tomada por um sorriso de incredulidade. O trabalhador inglês médio investe atualmente mais de 80 mil horas em sua vida profissional, contra 69 mil em 1981. Longe de nos afastarmos do absoluto valor positivo do trabalho, parecemos cada vez mais prisioneiros dele. A nova moda recai sobre livros que perguntam ansiosamente como podemos atingir um "equilíbrio trabalho–vida" em uma época na qual muitas pessoas não têm tempo para nada além de trabalhar e dormir.

Isso não surpreenderia Karl Marx. No Capítulo 10 do *Capital*, ele escarnece dos tratados econômicos vitorianos em que, "numa página, se lê que o trabalhador deve gratidão ao capital pelo desenvolvimento das forças produtivas porque o tempo de trabalho necessário é reduzido, e na página seguinte está escrito que ele deve manifestar essa gratidão passando a trabalhar, em vez de dez, 15 horas". O que a produção capitalista busca, afirma ele, não é a redução da jornada de trabalho, mas a diminuição do tempo de trabalho necessário para produzir uma mercadoria.

> O fato de que o trabalhador, quando a produtividade de seu trabalho é aumentada, produz, em uma hora, digamos, dez vezes mais mercadorias que antes, precisando, portanto, de um décimo do tempo de trabalho para fazer cada artigo, não impede de modo algum de fazê-lo trabalhar, assim como antes, 12 horas e produzir neste período 1.200 artigos, em vez de, como antes, 120. Sua jornada de trabalho pode até ser prolongada, de modo que passe a produzir, em 14 horas, 1.400 peças.

O objetivo desse processo é "encurtar a parte da jornada de trabalho durante a qual o operário deve trabalhar para si mesmo, justamente para prolongar a outra parte da jornada em que trabalha gratuitamente para o capitalista".

Mas se todas essas mercadorias excedentes fluem para o mercado e os trabalhadores (no papel de consumidores) não são mais ricos que antes, o capitalista acabará com uma imensa pilha de produtos encalhados. O que fazer? No *Manifesto Comunista* de 1848 Marx já chamara atenção para

> ... as crises comerciais que, repetindo-se periodicamente, ameaçam cada vez mais a sociedade burguesa. Nessas crises, grande parte dos produtos existentes, e também das forças produtivas desenvolvidas, é destruída. Irrompe uma epidemia que, em épocas precedentes, poderia parecer um absurdo – a epidemia da superprodução.

As condições da sociedade burguesa, argumenta ele, são simplesmente muito estreitas para conter sua própria riqueza. O capitalismo tem duas formas de superar o problema: "De um lado, pela destruição de grande quantidade das forças produtivas; de outro, pela conquista de novos mercados e pela intensa exploração dos antigos. Portanto, prepara crises mais extensas e destrutivas, e diminui os meios de evitá-las."

Esse é o ciclo de "expansão e crise" do qual os governos procuram se livrar desde então. De acordo com Marx, não há escapatória possível enquanto o capitalismo prevalecer: as marés de avanço e recessão são inerentes a um sistema com tendência natural à superprodução. "A verdadeira barreira da produção capitalista", escreveu ele no terceiro volume do *Capital*, "é o próprio capital." Se a preservação do valor do capital repousar na expropriação e pauperização das massas, elas sempre entrarão em conflito com o impulso simultâneo do capital para uma ilimitada e incondicional expansão da produtividade.

> A razão última de todas as crises reais é sempre a pobreza e a restrição ao consumo das massas face ao impulso da produção capitalista para desenvolver as forças produtivas, como se apenas a capacidade absoluta de consumo da sociedade constituísse seu limite.

O capitalismo foi, portanto, gravemente ferido por suas próprias armas. Após o fracasso das rebeliões de 1848, Marx argumentou que uma nova revolução só seria possível "em conseqüência de uma nova crise [econômica]". Desde então, esperou impacientemente pela chegada do cataclismo. No Natal de 1851, profetizou que ela deveria "irromper no máximo no próximo outono. ... Estou mais convencido que nunca de que não haverá uma revolução séria sem uma crise do mercado". Cada agitação nos mercados ou cada precipitação de falências traziam-lhe o júbilo de semelhantes prognósticos. "No encalço de tudo isso há uma crise comercial que assoma cada vez mais perto e cujos primeiros sintomas aparecem em toda parte. *Les choses marchent*", escreveu em 1852. "Em minha visão, as atuais circunstâncias deverão em breve levar a um terremoto", vaticinou em 1853.

As expectativas eram continuamente reforçadas por Friedrich Engels, seu agente na cidadela do capitalismo, o qual lhe informava que, em 1856, ao longo do ano seguinte haveria "um dia de fúria como jamais ocorrera; toda a indústria européia irá ruir, todos os mercados abarrotados, ... as classes proprietárias em apuros, completa falência da burguesia, guerra e devassidão ao enésimo grau". No inverno de 1857-58, como vimos, Marx trabalhou furiosamente nos cadernos econômicos que se transformaram nos *Esboços de uma crítica da economia política*, "para poder ao menos traçar os contornos claros antes do dilúvio". Retornou ao tema em um posfácio à segunda edição do primeiro volume do *Capital*, escrito em 1873 para defender seu estilo dialético:

> Em sua configuração racional, [a dialética] é um incômodo e um horror para a burguesia e para seus porta-vozes doutrinários, porque, no entendimento positivo do que existe, ela inclui ao mesmo tempo o entendimento de sua negação, de sua inevitável desaparição. ... O movimento repleto de contradições da sociedade capitalista faz-se sentir ao burguês prático de modo mais contundente nos vaivéns do ciclo periódico que a indústria moderna percorre e em seu ponto culminante – a crise geral. Esta se aproxima novamente.

Com a chegada da crise, acrescentava, sua intensidade e universalidade "hão de enfiar a dialética até mesmo na cabeça dos parasitas afortunados do novo Sacro Império teuto-prussiano".

Vã esperança: quase um século e meio depois, o uso da dialética por Marx no *Capital* permanece uma questão de acalorada disputa. O método deriva dos primeiros estudos que fez sobre Hegel, sintetizando muitas formas dialéticas anteriores – dos paradoxos de Zenão à crítica kantiana – em algo que pode ser mais bem resumido como um processo autogênico de razão. Hegel denominava-o "a compressão de opostos em uma unidade ou do positivo no negativo", uma busca de contradições e sua incorporação em idéias novas e mais completas. Cada idéia é produto de uma fase sua menos desenvolvida e contém em si o germe de uma noção mais avançada.

A relevância desse aspecto para a própria concepção de progresso econômico de Marx é suficientemente clara, embora Hegel, mais idealista que materialista, certamente teria protestado contra a inversão de seu método. Para ele, o mundo real não passa de uma expressão da "Idéia", enquanto para Marx a idéia é o mundo material refletido e traduzido na mente humana sob a forma de pensamento. "A dialética de Hegel é a base de todas as demais dialéticas", escreve Marx, "mas somente após ter sido desnudada de sua forma mistificada, e isso é precisamente o que distingue meu método." No posfácio de 1873, ele lembra que criticou o lado mistificador da dialética de Hegel quase 30 anos antes, no momento em que ela ainda estava na moda.

> Quando eu elaborava o primeiro volume do *Capital*, epígonos aborrecidos, arrogantes e medíocres, que agora pontificam na Alemanha culta, se permitiam tratar Hegel ... como "um cachorro morto". Por isso, confessei-me abertamente discípulo desse grande pensador e, no capítulo sobre o valor, até andei namorando aqui e acolá os seus modos peculiares de expressão.

No entanto, como Marx sabia, esses flertes dialéticos tinham um valor de uso suplementar. Depois de escrever um artigo sobre a revolta indiana de 1857, sugerindo que a Inglaterra começaria sua retirada assim que se iniciasse a estação das chuvas, confessou a Engels: "É possível que eu faça papel de bobo, mas, nesse caso, sempre há a possibilidade de se safar com um pouco de dialética. Verbalizei, é claro, minha proposição de tal modo a ter sempre razão." Aplicada dessa forma, a dialética significa jamais ter de admitir os próprios erros.

Mesmo a profecia de aparência mais inequívoca do *Capital* – a iminente extinção do capitalismo – pode, portanto, frustrar o fervor crítico daqueles que a procuram falsear. Na conclusão do primeiro tomo, Marx afirma que a competição entre capitalistas concentra a produção em unidades cada vez maiores, que intensificam a opressão e a exploração do trabalho, "mas que aumentam também a revolta da classe trabalhadora, sempre numerosa, disciplinada, unida e organizada pelo próprio mecanismo do processo de produção capitalista. ... Soa a hora final da propriedade capitalista".

Muitos leitores deduzem daí que para Marx o capitalismo já se encontrava no leito de morte – uma inferência razoável, dado o júbilo apocalíptico com que saudava cada nova crise financeira. ("Em minha visão, as atuais circunstâncias deverão em breve levar a um terremoto.") Contudo, seria surpreendente que logo Marx, entre todas as pessoas, fizesse tal suposição. Seu próprio relato histórico das várias formas de produção econômica – comunismo primitivo, modo de produção antigo, feudal, capitalista – ressalta que cada período durou vários séculos, às vezes milênios, antes de se render ao sucessor. E

Marx reconhece que o capitalismo burguês é muito mais dinâmico e poderoso que qualquer modo de produção anterior. Como escreveu no *Manifesto Comunista*, "criou maravilhas que superam de longe as pirâmides do Egito, os aquedutos romanos, as catedrais góticas; realizou expedições que deixaram na sombra as antigas invasões e as cruzadas". Como, então, poderia ele acreditar que esse impressionante poder fracassaria depois de apenas um ou dois séculos?

Talvez não acreditasse. O primeiro volume do *Capital* pode ter soado como o dobre fúnebre do capitalismo, mas no capítulo final do segundo volume uma "apresentação esquemática" de cálculos hipotéticos fornece o modelo de uma economia capitalista que cresce a passos firmes, sem crises recorrentes, e que poderia, em tese, se reproduzir indefinidamente. Embora Marx anseie pelo colapso do capitalismo e pelo fim da exploração – desejo que ocasionalmente irrompe em profecias de destruição –, a força de sua retórica é qualificada e matizada quando se estuda seu trabalho como um todo. Com freqüência se faz um retrato determinista e mecanicista de Marx, que veria o mundo em termos de leis sólidas e conseqüências inevitáveis; esta, porém, é uma caricatura. Na verdade ele argumenta no *Manifesto Comunista* que a queda da burguesia e a vitória do proletariado "são igualmente inevitáveis"; contudo, no livro *O 18 Brumário de Luís Bonaparte*, de 1852, acrescentou: "Os homens fazem sua própria história, mas não como querem; não a constroem sob circunstâncias de sua escolha, e sim sob aquelas com que se defrontam diretamente, legadas e transmitidas pelo passado."

O primeiro prefácio escrito para *O Capital* promete delinear as "leis naturais da produção capitalista ... que atuam e se impõem com necessidade férrea". No entanto, como ex-estudante de direito, Marx sabia que a mera existência de uma lei contra roubo, digamos, não significa que todos os roubos irão cessar. Isso é particularmente evidente em relação a uma de suas mais controversas formulações, a chamada lei da queda tendencial da taxa de lucro.

A idéia de que a taxa de lucro cairia à medida que a economia se desenvolvesse era comum a todos os economistas clássicos, inclusive Adam Smith e David Ricardo, embora eles discordassem a respeito dos *motivos* que levariam a isso. Smith atribuía a queda a um declínio das oportunidades vantajosas; Ricardo pensava que uma provisão finita de terras levaria ao aumento dos aluguéis, o que reduziria as margens de lucro. Na interpretação de Marx – delineada no terceiro tomo do *Capital* –, a competição entre os fabricantes iria obrigá-los a investir mais em "capital constante" (instalações e maquinaria) e proporcionalmente menos em "capital variável" (salários). Se, como acreditava, o trabalho humano é a origem do valor de troca, então a taxa de lucro – se não seu valor verdadeiro – deve cair. Com isso "está provado, a partir da essência do modo de produção capitalista, como uma necessidade óbvia, que, em seu progresso, a taxa média geral de mais-valia deve se expressar em uma taxa geral de lucro em queda".

Houve muitos ataques a essa corajosa e pouco comprovada afirmação, e Marx parecia esperar por eles. Logo no capítulo seguinte a essa argumentação, busca encontrar as razões para que na prática a taxa de lucro não tenha caído segundo as exigências de sua teoria. Uma delas é o comércio exterior: importações com baixos custos de produção permitem crescentes margens de lucro. Há também a já mencionada questão do exército industrial de reserva: o incremento da produtividade aumenta o número de trabalhadores e força a queda dos salários, o que desacelera a tendência de substituição do trabalho humano por maquinaria cara. Em resumo, há "influências em jogo que se contrariam, que cruzam e superam os efeitos da lei geral, dando-lhe apenas o caráter de tendência". De fato, "as mesmas causas que implicam a queda da taxa geral de lucro provocam efeitos contrários, que inibem, retardam e em parte paralisam essa queda". Uma vez mais tem-se a impressão de que Marx reformula sua proposição de modo a estar sempre com a razão.

Semelhantes modificações podem ser encontradas em sua discussão acerca das mencionadas crises endêmicas de superprodução (ou, vistas de outra perspectiva, de subconsumo). A primeira conseqüência de uma recessão, quando ela chega, é a queda brutal dos preços e a depreciação do capital. Mas isso restaura a taxa de lucro e permite que o investimento e o crescimento sejam retomados. Ou, como Marx escreve:

> A paralisação da produção prepara o terreno para uma posterior ampliação da produção dentro dos limites capitalistas. E assim o ciclo seria novamente percorrido. Parte do capital que foi desvalorizada pela paralisação funcional recobraria seu antigo valor. Além disso, com as condições de produção ampliadas, um mercado ampliado e a força produtiva mais elevada, o mesmo círculo vicioso se perpetua.

Não se poderiam, portanto, considerar aqueles tremores periódicos um mecanismo de autocorreção que assegura a sobrevivência perpétua do sistema mais do que precipita sua queda? Nas palavras de Leon Trotski, "o capitalismo vive de crises e expansões, assim como um ser humano vive da inspiração e expiração".

Em parte alguma do *Capital* Marx explica por que ou como – muito menos quando – o sistema afinal se autodestruirá. Ele simplesmente expõe sua convicção: cada novo abalo econômico leva a uma concentração maior de capital, e esse monopólio se transforma em um entrave ao modo de produção até que a "centralização dos meios de produção e a socialização do trabalho atinjam um ponto em que se tornam incompatíveis com seu invólucro capitalista, e este arrebenta. Os expropriadores são expropriados". Com essa alegre perspectiva termina o primeiro (e o único completo) volume do *Capital*.

Bem, quase. Após a retumbante conclusão, Marx decide acrescentar um arremate irônico sob a forma de um capítulo a respeito da "teoria moderna da colonização", concebido para mostrar o que acontece quando os trabalhadores assalariados se libertam de seus grilhões. Em países como a Inglaterra, o regime capitalista subordinou tão completamente a si os recursos da nação que os economistas viam-no como uma parte da ordem natural. Marx observa, no entanto, que as "coisas são bem diferentes nas colônias", onde o possuidor de dinheiro encontra a barreira dos colonizadores da classe trabalhadora, que usam o trabalho para enriquecer a si próprios, e não ao capitalista. ("É algo maravilhoso", escreveu Engels a Marx em setembro de 1851, acompanhando a descoberta de ouro no sul da Austrália. "A Inglaterra será expulsa, e os 'Estados unidos' de assassinos, ladrões, estupradores e batedores de carteiras deportados surpreenderão o mundo ao demonstrar os prodígios que um Estado constituído por notórios velhacos pode realizar.")

A anedota decisiva desse capítulo final é o relato tragicômico de um certo sr. Peel, que leva consigo da Inglaterra para o distrito de Swan River, na Austrália ocidental, 50 mil libras esterlinas em espécie e três mil trabalhadores, entre homens, mulheres e crianças. O personagem negligencia apenas uma coisa: a necessidade de manter os trabalhadores afastados dos meios de produção. Ao encontrarem terra livre e disponível na região erma, eles abandonam o empregador e deixam-no sem nenhum criado para fazer sua cama ou para buscar-lhe água no rio. "Pobre sr. Peel", escreve Marx, "que previu tudo, menos a exportação das relações inglesas de produção para Swan River!"

Marx encontrou a história de Peel no livro do empresário Edward Gibbon Wakefield, que a cita como exemplo das terríveis conseqüências da colonização espontânea e desordenada. No assentamento de Swan River, queixa-se Wakefield, "um grande capital em sementes, gado e instrumentos pereceu por falta de trabalhadores assalariados, e nenhum povoador possui muito mais capital além daquele que pode empregar com as próprias mãos". Também no norte dos Estados Unidos "é duvidoso se um décimo da população pertence à categoria dos trabalhadores assalariados". Tendo oportunidade, os trabalhadores deixam de ser assalariados e se tornam produtores independentes – talvez até "concorrentes de seus antigos patrões no próprio mercado de trabalho assalariado". Para remediar esse conflito de interesses, Wakefield defende uma "colonização sistemática", que assegure o suprimento de trabalhadores submissos e dependentes, que, em condição e função, não se diferenciam muito de escravos. Isso poderia ser alcançado com facilidade pelo estabelecimento de preços artificialmente elevados para o solo virgem, colocando-o além do alcance dos assalariados comuns e compelindo-os a trabalhar para o pobre sr. Peel.

Pode-se compreender por que Marx se deliciava tanto com essa franca confissão das exigências do capitalismo.

> O grande mérito de E.G. Wakefield não é ter descoberto algo *sobre* as colônias, mas a verdade sobre as condições capitalistas da metrópole, ... isto é, que os modos de produção e acumulação capitalista, da mesma forma que suas propriedades privadas, têm sua base fundamental na aniquilação da propriedade privada que reside no trabalho individual; em outras palavras, a expropriação do trabalhador.

O fato de Marx ter escolhido essa sentença para concluir seu livro nos diz muito a respeito de suas intenções autorais. Se terminasse com invólucros que arrebentavam e expropriadores expropriados, *O Capital* poderia ser tomado, em essência, como uma obra profética sobre a inevitável ruína do capitalismo. Em vez disso, ele se volta outra vez para as vítimas, mais que para os opressores, e reitera o tema dominante: seja qual for seu destino, dure um século ou um milênio, o capitalismo depende da exploração.

Voltamos a nosso ponto de partida, a um inferno terrestre que se assemelha à versão secular do *Inferno* de Dante. "Que te interessa o que aqui se murmura?", Virgílio pergunta a Dante no Canto V do *Purgatório*. "Vem comigo, e ignora das gentes os comentários" [*Vien retro a me, e lascia dir le genti*]. Na falta de um Virgílio para guiá-lo, Marx modifica o verso no prefácio do primeiro volume do *Capital* para anunciar que não fará qualquer concessão aos preconceitos da opinião pública: "... tomo por divisa o lema do grande florentino: '*Segui il tuo corso, e lascia dir le genti!*' [Segue teu curso, e ignora das gentes os comentários!]." Desde o princípio, portanto, o livro é concebido como uma descida às regiões inferiores, e mesmo em meio a complexas abstrações teóricas transmite um vívido sentido de espaço e movimento:

> Abandonemos, então, junto com o dono do dinheiro e o detentor da força de trabalho, essa região ruidosa do mercado, onde tudo que é feito é visível a todos os olhos, para seguir os dois ao local oculto da produção, em cujo limiar se pode ler: "Não se permite a entrada senão a negócio." Aqui há de se mostrar não só como o capital produz, mas como ele mesmo é produzido. O segredo da fabricação de mais-valia há de finalmente ser desvendado.

Os antecedentes literários para tal jornada são com freqüência relembrados à medida que Marx prossegue seu caminho. Ao descrever as fábricas de fósforos inglesas, onde metade dos trabalhadores são crianças (algumas com não mais de seis anos) e as condições, tão repugnantes que "somente a parte mais miserável da classe trabalhadora, viúvas famintas, por exemplo, cede seus filhos", ele escreve:

> A jornada variava entre 12, 14 e 15 horas, com trabalho noturno, refeições irregulares e geralmente feitas no próprio local de trabalho, empestado de fósforo. Dante acharia ultrapassadas suas fantasias mais cruéis sobre o inferno nessa manufatura.

Outros infernos imaginários conferem um ornamento adicional ao retrato que faz de uma realidade empírica:

> Da massa diversa de trabalhadores de todas as profissões, idades, sexos, que nos atropelam com mais zelo que as almas dos assassinados à volta de Ulisses, e nos quais se reconhece à primeira vista, sem se referir aos livros azuis que levam sob os braços, as marcas do excesso de trabalho, selecionaremos ainda duas figuras cujo contraste flagrante demonstra que, diante do capital, todos os seres humanos são iguais – uma modista e um ferreiro.

Esta é a deixa para uma história sobre Mary Anne Walkley, uma jovem de 20 anos que morreu "por simples excesso de trabalho" depois de se esforçar sem descanso por mais de 26 horas confeccionando os vestidos de luxo para as convidadas de um baile promovido pela princesa de Gales em 1863. Sua empregadora ("uma dama com o agradável nome de Elise", segundo o cáustico comentário de Marx) ficou surpresa ao descobrir que a jovem morrera sem finalizar os ornamentos da última peça que estava costurando.

Se essas personagens não tivessem existido, Charles Dickens talvez se sentisse tentado a inventá-las. Há uma textura dickensiana em vários momentos do *Capital*, e Marx acena com explícita casualidade para um autor que tanto amava. Eis aqui, por exemplo, como ele se bate contra os apologistas burgueses, segundo os quais suas críticas a determinados usos particulares da tecnologia caracterizariam-no como um inimigo do progresso social, que não deseja qualquer emprego de maquinaria:

> Idêntico ao raciocínio do célebre Bill Sikes: "Senhores jurados! Sem dúvida a garganta desse caixeiro-viajante foi cor-

> tada. Não é, porém, culpa minha, mas da faca. Por causa de tais aborrecimentos temporários, deveríamos eliminar a utilização da faca? Pensem uma única vez! Que seria da agricultura e do artesanato sem ela? Será que não é tão benéfica na cirurgia quanto sábia na anatomia? Além disso, uma auxiliar prestimosa em alegres banquetes? Eliminem a faca – e nos lançarão de volta à mais profunda barbárie."

Bill Sikes não faz esse discurso em *Oliver Twist*: essa é a extrapolação satírica de Marx. "Eles são meus escravos", diria algumas vezes, gesticulando para os livros em sua estante, "e devem me servir como eu desejar." A tarefa dessa força de trabalho não remunerada era providenciar matéria-prima que pudesse ser moldada segundo seus próprios interesses. "Sua conversação não segue em linha reta, mas é tão variada quanto os volumes em suas estantes", escreveu um entrevistador do *Chicago Tribune* que visitou Marx em 1878.

> Um homem pode em geral ser julgado pelos livros que lê, e o leitor pode tirar suas próprias conclusões quando lhe digo que um olhar casual revelou Shakespeare, Dickens, Thackeray, Molière, Racine, Montaigne, Bacon, Goethe, Voltaire, Paine; livros azuis ingleses, norte-americanos e franceses; obras políticas e filosóficas em russo, alemão, espanhol, italiano etc.

De fato, *et cetera*: em 1976, S.S. Prawer escreveu um livro de 450 páginas dedicadas inteiramente às referências literárias de Marx. O primeiro volume do *Capital* revelava citações da Bíblia, de Shakespeare, Goethe, Milton, Voltaire, Homero, Balzac, Dante, Schiller, Sófocles, Platão, Tucídides, Xenofonte, Defoe, Cervantes, Dryden, Heine, Virgílio, Juvenal,

Horácio, Thomas More, Samuel Butler – além de alusões a narrativas de terror sobre lobisomens e vampiros, panfletos alemães, obras do romantismo inglês, baladas populares, canções e *jingles*, melodrama e farsa, mitos e provérbios.

E o que dizer sobre o prestígio literário do próprio *Capital*? Marx sabia que não o teria de segunda mão, pela mera oferta de flores por parte de outros homens. No primeiro volume ele desdenha daqueles economistas que

> ... ostentavam uma erudição histórico-literária ou misturavam material estranho para dissimular a sensação, não completamente reprimível, de impotência científica, bem como a má consciência de terem de ensinar aos outros o que eles próprios não dominam.

O medo de que ele próprio pudesse ter incorrido nessa ofensa talvez explique a confissão angustiada, no posfácio à segunda edição, de que "ninguém pode julgar mais severamente que eu as carências literárias do *Capital*". Assim mesmo, é surpreendente que tão poucas pessoas tenham considerado o livro uma obra de literatura. *O Capital* originou inúmeras análises a respeito da teoria do valor-trabalho de Marx ou de sua lei da queda tendencial da taxa de lucro. No entanto, apenas alguns poucos críticos prestaram a devida atenção ao desejo intenso – declarado por Marx em várias cartas a Engels – de produzir uma obra de arte.

A estrutura multifacetada da obra, que se furta a uma fácil categorização, talvez sirva de entrave. O livro pode ser lido como um vasto romance gótico cujos heróis são escravizados e consumidos pelo monstro que criaram ("escorrem por todos os poros do capital, desde que veio ao mundo, sangue e sujeira da cabeça aos pés"); ou como melodrama vitoriano (em seu estudo de 1962, *The Tangled Bank: Darwin, Marx, Frazer e Freud as Imaginative Writers*, S.E. Hyman propõe um título para o drama: "A execução da hipoteca da força de trabalho"); ou como farsa negra (ao escarnecer a "objetividade fantasmagórica" da mercadoria para expor a diferença entre a aparência heróica e a realidade inglória, Marx emprega uma das técnicas clássicas da comédia e despe a armadura do galante cavaleiro para revelar um atarracado homenzinho de ceroulas); ou como tragédia grega ("Como Édipo, os atores, no relato feito por Marx sobre a história humana, são tomados por uma inexorável necessidade que se desenrola à revelia de suas ações", escreve C. Frankel em *Marx and Contemporary Scientific Thought*. "E, no entanto, tudo que os liga a seu destino é sua própria cegueira trágica – suas *idées fixes* –, que os impede de ver os fatos antes que seja tarde demais"). Ou talvez seja ele uma utopia satírica como a terra dos Houyhnhnms no romance *As viagens de Gulliver*, no qual todas as perspectivas são satisfatórias e somente o homem é vil: na versão de Marx sobre a sociedade capitalista, como no pseudoparaíso eqüino de Jonathan Swift, o falso Éden é criado pela redução dos homens comuns à condição de impotentes, alienados e brutos.

Para fazer justiça à lógica insana do capitalismo, o texto de Marx está saturado de uma ironia que escapou a grande parte dos estudiosos nos últimos 140 anos. Uma exceção é o crítico norte-americano Edmund Wilson, que argumenta, em *Rumo à Estação Finlândia: escritores e atores na história*, de 1940, que o valor das abstrações de Marx – a dança das mercadorias, o bordado cômico do valor – é essencialmente irônico, justaposto às horrendas e bem documentadas cenas de miséria e depravação criadas na prática pelas leis capitalistas. Wilson considera *O Capital* uma paródia da economia clássica,

> ... e, uma vez que o lemos, as obras convencionais sobre economia jamais parecerão as mesmas a nossos olhos: sempre podemos vislumbrar por meio de seus argumentos e imagens a cruel realidade das relações humanas que buscam mascarar.

Ninguém, pensa ele, jamais alcançou uma percepção psicológica tão ampla a respeito da infinita capacidade que a natureza humana tem de permanecer cega ou indiferente diante das dores que infligimos aos outros quando temos uma chance de extrair-lhes algo em nosso proveito. "Ao lidar com esse tema, Karl Marx se tornou um dos grandes mestres da sátira. Ele é com certeza o maior autor satírico desde Swift, e ambos têm muito em comum."

Essa homenagem parece tão hiperbólica ou claramente inverossímil que impõe evidências para comprová-la. Voltemo-nos, portanto, para as póstumas *Teorias da mais-valia*, o chamado quarto volume do *Capital*, em que Marx relata as várias tentativas feitas pelos economistas clássicos para distinguir trabalho "produtivo" e "improdutivo". Na última categoria, Adam Smith colocou "clérigos, advogados, médicos, homens de letras de toda espécie, atores, bufões, músicos, cantores de ópera, dançarinos etc.", todos "mantidos por uma parte do produto anual do esforço de outras pessoas". Mas a distinção é realmente tão simples e clara? Marx sugere que cada ocupação imaginável *pode* ser produtiva, e, para provar isso, utiliza um exemplo aparentemente absurdo:

> Um filósofo produz idéias; um poeta, poemas; um clérigo, sermões; um professor, compêndios; e assim por diante. Se observarmos mais de perto a relação entre este último ramo de produção e a sociedade como um todo, talvez possamos nos livrar de inúmeros preconceitos. O criminoso não só produz crimes, mas as leis criminais; e assim também o professor que as ensina e, por conseguinte, o inevitável compêndio no qual esse mesmo docente lança suas exposições, como "mercadorias", no mercado geral.

O criminoso produz ainda toda a polícia e a justiça criminal, guardas, juízes, carrascos, jurados etc. E todos os diferentes ramos de negócio, que formam igualmente muitas categorias da divisão social do trabalho, desenvolvem diversas capacidades do espírito humano, criam novas necessidades e formas de satisfazê-las. Só a tortura deu origem a muitas e engenhosas invenções mecânicas e empregou muitos artesãos honrados na produção de seus instrumentos.

De acordo com a circunstância, o criminoso produz uma impressão, parcialmente moral e parcialmente trágica, e dessa forma presta um "serviço" ao despertar os sentimentos morais e estéticos do público. Não produz apenas compêndios sobre leis criminais, códigos penais e legisladores especializados, mas também arte, literatura, romances e até tragédias, como demonstram *Schuld*, de Müllner, e *Os salteadores*, de Schiller, e também *Édipo* e *Ricardo III*. (Se escrevesse hoje, poderia acrescentar, ainda, que sem o crime não haveria John Grisham, nem o inspetor Morse ou Tony Soprano, tampouco James Bond.) O criminoso rompe a monotonia e a segurança cotidiana da vida burguesa. Assim ele a mantém afastada da estagnação e dá origem à inquietante tensão sem a qual se enfraqueceria até mesmo o estímulo da concorrência.

> A influência da criminalidade sobre o desenvolvimento da força produtiva pode ser demonstrada em detalhes. Teriam as fechaduras atingido o atual nível de excelência não fossem os ladrões? Teria a fabricação de dinheiro chegado à atual perfeição sem os falsificadores? ... E fora da esfera do crime privado: teria o mercado mundial surgido senão graças ao crime nacional? De fato, teriam as nações se formado? E a Árvore do Pecado não é também a do Conhecimento desde o tempo de Adão?

Como lembra Edmund Wilson, esse trecho é comparável à modesta proposta de Swift para eliminar a miséria na Irlanda: convencer os pobres famintos a comerem os filhos excedentes.

No final, entretanto, até mesmo Wilson erra na mão. Algumas poucas páginas depois de louvar a acurada percepção psicológica de Marx e elevá-lo ao panteão dos gênios satíricos, ele protesta contra "a impiedade da motivação psicológica que subjaz à visão de mundo marxiana", e lamenta que a teoria proposta no *Capital* seja, "como a dialética, uma mera criação do metafísico que jamais se prostrou diante do economista que havia em Marx". Isso se assemelha às críticas alemãs ao primeiro volume, que acusavam Marx de "sofista hegeliano", censura que ele reconhecia com satisfação e sem remorso, admitindo que no *Capital* conseguira flertar com o estilo expressivo de Hegel. Os flertes dialéticos que tanto ofendem Edmund Wilson compõem a ironia que tanto admira em Marx: as duas técnicas obrigam a realidade aparente a revelar suas culpas mais secretas. Como o filósofo norte-americano Robert Paul Wolff comentou em uma conferência de 1984, "é uma estranha forma de cumprimento considerá-lo o maior escritor satírico desde Swift e depois julgar seus mais sérios esforços intelectuais uma excêntrica metafísica".

Qual é, assim, a relação entre o discurso literário repleto de ironia e o relato "metafísico" da sociedade burguesa? Ou, como Wolff propõe a questão: "Por que Marx *escreve* como o faz, se deseja *alcançar* as tarefas intelectuais que se impõe?" Se desejasse produzir um texto de economia clássica, ele poderia fazê-lo – e de fato o fez. Duas conferências proferidas em junho de 1865, posteriormente publicadas sob o título de *Salário, preço e lucro*, oferecem uma amostra concisa e lúcida das teorias de Marx sobre mercadorias e trabalho:

> Aquele que produz um objeto para seu uso pessoal e direto, para consumi-lo, cria um *produto*, mas não uma *mercadoria*. ... Uma mercadoria tem um *valor* por ser a *cristalização de um trabalho social*. ... Em si mesmo, o *preço* não é outra coisa senão a *expressão monetária do valor*. ... O que o operário vende não é diretamente o seu *trabalho*, mas a sua *força de trabalho*, ele cede temporariamente ao capitalista o direito de dela dispor.

E assim por diante. Mesmo com seus méritos como análise econômica, o texto pode ser compreendido por qualquer criança normal: não há metáfora ou metafísica muito elaborada, nenhuma divagação enigmática ou digressões filosóficas, nenhum floreio literário. Então por que *O Capital*, que percorre o mesmo terreno, apresenta um estilo tão completamente distinto? Teria Marx perdido de súbito o dom da fala objetiva?

Claro que não: por ocasião dessas conferências, ele finalizava o primeiro volume do *Capital*. Uma pista pode ser encontrada em uma das poucas analogias que se permite em *Salário, preço e lucro*, quando explica sua crença de que os lucros aumentam com a venda de mercadorias por seu valor "verdadeiro", e não, como se poderia supor, pela cobrança de um preço mais elevado. "Isso parece um paradoxo e é contrário à observação de todos os dias", escreve ele.

> Parece também paradoxal que a Terra gire ao redor do Sol e que a água seja formada por dois gases altamente inflamáveis. As verdades científicas serão sempre paradoxais se julgadas pela experiência de todos os dias, que capta apenas a aparência enganadora das coisas.

A função da metáfora é fazer as pessoas olharem algo de forma renovada, transferindo as qualidades das coisas para aspectos diferentes, transformando o familiar em algo estranho, e vice-versa. Ludovico Silva, um crítico venezuelano de Marx, baseou-se no significado etimológico de "metáfora" como transferência para argumentar que o próprio capitalismo é uma metáfora, um processo alienante que desloca a vida do sujeito para o objeto, do valor de uso para o valor de troca, do humano para o monstruoso. De acordo com essa leitura, o estilo literário adotado por Marx no *Capital* não é um verniz reluzente aplicado a uma opaca exposição econômica, como uma camada de geléia numa grossa fatia de pão; é a única linguagem apropriada com a qual se pode expressar "a natureza ilusória das coisas", um empreendimento ontológico que não pode ser confinado às fronteiras e convenções de um gênero preexistente, tal como a economia política, a ciência antropológica, ou a história. Em suma, *O Capital* é completamente *sui generis*. Nada há de remotamente semelhante a ele antes ou depois, o que talvez explique por que é tão constantemente negligenciado ou mal interpretado.

3

Vida Póstuma

Um século após a publicação do *Capital*, o então primeiro-ministro britânico Harold Wilson gabava-se de nunca ter lido o livro. "Não fui além da página dois – quase completamente tomada por uma nota de rodapé. Achei que uma página de nota para duas frases era demais." Um rápido olhar no primeiro volume da obra deixa evidente que este é um enorme exagero: há de fato muitas notas nas páginas iniciais, mas todas de pequena extensão. Entretanto, Wilson talvez falasse em nome de muitos outros leitores que foram desencorajados pela "dificuldade", imaginária ou real, do livro.

Marx antecipou essa reação no prefácio. "O entendimento do Capítulo 1, em especial da parte que contém a análise da mercadoria, apresentará a maior dificuldade. Quanto às passagens que se referem à análise da substância e da magnitude do valor, procurei torná-las acessíveis ao máximo." A forma do valor, alegava ele, era extremamente simples.

> Mesmo assim, a mente humana tem procurado fundamentá-la em vão há mais de dois mil anos. ... Por isso, com exceção da parte relativa à forma do valor, não se poderá acusar este livro de ser de difícil compreensão. Pressuponho, naturalmente, leitores que desejam aprender algo de novo e queiram, portanto, também pensar por conta própria.

Engels não estava certo disso. Durante a composição do livro alertou Marx de que era um erro grave não esclarecer a argumentação teórica com uma divisão em seções menores, com títulos próprios.

> Embora tivesse a aparência de um livro escolar, uma vasta camada de leitores o consideraria muito mais fácil de entender com essa organização. As massas e até mesmo os estudiosos não estão mais familiarizados com essa forma de pensamento, assim, é imprescindível facilitar-lhes ao máximo a questão.

De fato, Marx fez algumas alterações nas provas do livro, porém, não mais que emendas irrelevantes. "Como pôde manter a configuração do livro na forma atual?", desesperançou-se Engels ao ver as provas finais.

> O quarto capítulo tem quase 200 páginas e apenas quatro subseções. ... Além do mais, a linha de raciocínio é constantemente interrompida por exemplificações, e o tema a ser ilustrado *jamais* é retomado, de tal forma que sempre se passa diretamente do exemplo de *um* tópico à exposição de outro. É terrivelmente cansativo, e confuso também.

Os olhos de outros admiradores ficaram igualmente embaçados à medida que lutavam com os obscuros primeiros capítulos. "Por favor, faça a gentileza de dizer à sua esposa", escreveu Marx a Ludwig Kugelmann, um amigo de Hanôver,

> ... que os capítulos sobre "A jornada de trabalho", "Cooperação, divisão do trabalho e maquinaria" e, finalmente, "Acumulação primitiva" são os mais imediatamente legíveis. Você precisará explicar-lhe qualquer terminologia que ela não domine. Se restarem outros aspectos duvidosos, ficarei feliz em ajudar.

Quando leu o primeiro tomo do *Capital*, o grande socialista inglês William Morris apreciou "imensamente a parte histórica", mas confessou sofrer de "confusão cerebral com os trechos de economia pura dessa grande obra. De qualquer modo, li o que pude, e espero que alguma informação tenha em mim se fixado depois dessa leitura". (Na verdade, a experiência provou-se um bom investimento em todos os sentidos: o exemplar de Morris, com encadernação de couro esplendidamente decorada, foi leiloado por 50 mil dólares em maio de 1989.)

Uma absoluta incompreensão, mais que antipatia política, pode explicar a indiferente resposta à primeira edição do *Capital*. "O silêncio sobre meu livro me exaspera", queixou-se Marx. Engels procurou incitar alguma publicidade ao submeter, sob pseudônimo, resenhas hostis aos jornais alemães e ao convocar outros amigos de Marx a fazer o mesmo. "O que importa é que o livro seja cada vez mais discutido, de todas as formas possíveis", disse a Kugelmann. "Nas palavras de nosso velho amigo Jesus Cristo, sejamos tão inocentes quanto pombas e tão astutos quanto serpentes." Kugelmann fez o melhor que pôde, estampou artigos em alguns jornais de Hanôver, mas como ele próprio mal compreendia o livro, os artigos nada tinham de esclarecedores. "Kugelmann torna-se a cada dia mais obtuso", irritava-se Engels.

Foram necessários quatro anos para que as mil cópias da primeira edição se esgotassem. Embora Marx alegasse no prefácio à segunda edição (1872) que a compreensão que *O Capital* rapidamente encontrou em amplos círculos da classe operária alemã fosse a maior recompensa de seu trabalho, parece improvável que o volume tenha chegado a muitos trabalhadores – embora eles tenham sido apresentados aos seus principais temas em uma série de artigos de Joseph Dietzgen para o jornal socialista *Demokratisches Wochenblatt*. "Há possivelmente poucos livros que tenham sido escritos em circunstâncias mais difíceis", escreveu Jenny Marx. "Se os trabalhadores tivessem noção dos sacrifícios necessários para que essa obra fosse finalizada, produzida unicamente para eles e em seu benefício, talvez demonstrassem um pouco mais de interesse." Mas como poderiam, dada a extensão, a densidade e o tema tão pouco familiar? Marx depois observou: "Na Alemanha, a economia política continua uma ciência estrangeira."

Em outros lugares, entretanto, houve manifestações de interesse. Ainda em janeiro de 1868, dois meses após a publicação, o *Saturday Review* de Londres incluiu *O Capital* em um apanhado de livros alemães recém-lançados. "A visão do autor pode ser tão perniciosa quanto acreditamos", concluiu o artigo, "mas não há dúvida sobre a plausibilidade de sua lógica, o vigor de sua retórica e o fascínio com que recobre os mais áridos problemas da economia política." Uma nota no *Contemporary Review* cinco meses depois, ainda que desdenhasse patrioticamente da economia alemã ("não duvidamos que Karl Marx tenha muito a nos ensinar"), cumprimentava o autor por não esquecer "o interesse humano – 'a preocupação com a fome e a sede' que a ciência ignora".

Uma tradução russa do *Capital* apareceu na primavera de 1872, ao passar pelos censores do czar com a justificativa de que não teria qualquer aplicação na Rússia e, portanto, não poderia ser subversivo (embora tenham removido o retrato do autor, temendo que inspirasse um culto à sua personalidade). Julgaram o texto tão impenetrável que "poucos o leriam e ainda menos o compreenderiam". Porém, grande parte dos três mil exemplares impressos se esgotou em menos de um ano. Enquanto na maioria dos países capitalistas a obra era ignorada, jornais e periódicos na Rússia pré-capitalista publicavam resenhas favoráveis. "Não é uma ironia do destino", escreveu Marx a Engels, "que os russos, contra os quais lutei por 25 anos, sempre queiram ser meus patronos? Eles correm, por pura glutonaria, atrás das mais extremadas idéias que o Ocidente tem a oferecer." Sentia-se especialmente gratificado por uma notícia no *Jornal de São Petersburgo*, que lhe elogiava a "incomum vivacidade" da prosa. "A esse respeito", acrescentava o periódico, "o autor de modo algum se assemelha ... à maioria dos sábios alemães que ... escrevem seus livros em uma linguagem tão seca e obscura que despedaça a cabeça dos mortais comuns."

A produção de uma edição francesa foi mais problemática. Apesar de o trabalho ter sido iniciado em 1867, imediatamente após a publicação na Alemanha, ao longo dos quatro anos seguintes cinco tradutores foram testados e rejeitados. Eventualmente, Marx deu sua bênção a um professor de Bordeaux,

Joseph Roy. Contudo, depois de rever os primeiros capítulos, julgou que, embora "no geral bem-feita", a tradução de Roy era freqüentemente muito literal. "Senti-me portanto forçado a reescrever passagens inteiras em francês para torná-las palatáveis." Com a aprovação de Marx, o editor decidiu publicar o livro em fascículos ("mais acessível à classe operária"), e o primeiro deles apareceu em maio de 1875.

Em seu país de adoção, as promissoras primeiras resenhas foram seguidas de um longo silêncio. "Embora Marx tenha vivido muito tempo na Inglaterra", escreveu o advogado John MacDonnel na *Fortnightly Review* em março de 1875, "ele é aqui quase a sombra de um nome. As pessoas podem honrá-lo com seus insultos; mas não o lêem." Marx acreditava que "o dom peculiar da descabida estupidez" era um direito hereditário britânico, e o fato de que não se tenha publicado nenhuma edição inglesa ao longo de sua vida confirmou seu preconceito. "Ficamos muito gratos por sua carta", escreveram os editores da Macmillan & Co. a Carl Schorlemmer, amigo de Engels e professor de química orgânica na Universidade de Manchester, "mas não estamos dispostos a publicar uma tradução do *Capital*." Os poucos britânicos que o desejavam estudar tinham de lutar o melhor possível com as versões alemã, russa e francesa. O jornalista radical inglês Peter Fox, editor do *National Reformer*, comentou, depois de ser presenteado com a edição alemã, que se sentia como um homem que havia adquirido um elefante e não sabia o que fazer com ele. Um trabalhador escocês, Robert Banner, enviou a Marx esse angustiado pedido de ajuda:

> Não há qualquer esperança de que seja traduzido? Não existe em inglês sequer uma obra que defenda a causa das massas

> trabalhadoras; todo livro em que nós, jovens socialistas, pomos as mãos defende os interesses do capital. Por isso nossa causa está tão atrasada neste país. Com uma obra que aborde a economia do ponto de vista do socialismo, veríamos em breve um movimento que colocaria um ponto final nessa situação.

Aqueles que mais precisavam do livro eram os que estavam menos aptos a compreendê-lo, enquanto a elite educada, que o poderia ler, não o desejava. Como o socialista inglês Henry Hyndman escreveu:

> Acostumados como estamos hoje, especialmente na Inglaterra, a esgrimir sempre com grandes chumaços de algodão nas pontas de nossos floretes, o terrível golpe da lâmina nua de Marx sobre seus adversários parecia tão impróprio que seria impossível para nossos cavalheirescos pseudolutadores e ginastas mentais acreditar que esse polemista impiedoso e crítico furioso do capital e do capitalismo fosse na realidade o mais profundo pensador de nosso tempo.

Hyndman era uma exceção à regra. No início de 1880, depois de ler a tradução francesa do *Capital*, cobriu o autor de tamanhas homenagens extravagantes que Marx se sentiu obrigado a encontrá-lo. No entanto, embora Hyndman se declarasse "ávido de aprender", foi ele quem conduziu quase toda a conversa: Marx viria a temer as visitas desse "complacente tagarela". A inevitável ruptura ocorreu em junho de 1881, quando o manifesto socialista de Hyndman, *England for All*, incluiu dois capítulos amplamente plagiados do *Capital* sem autorização ou mesmo reconhecimento, a não ser por uma nota no prefácio: "A respeito das idéias e grande parte do conteúdo dos Capítulos

2 e 3, estou em débito com a obra de um grande pensador e original escritor que em breve, tenho certeza, estará disponível para a maioria de meus compatriotas." Marx considerou isso vergonhosamente inadequado: por que não mencionar *O Capital* ou o nome de seu autor? A frágil desculpa de Hyndman foi que o público inglês tinha "horror ao socialismo" e "pavor aos ensinamentos estrangeiros". Porém, como indicou Marx, era pouco provável que a evocação do "sonho do socialismo" aplacasse esse horror, e qualquer leitor de inteligência mediana com certeza adivinharia pelo prefácio que o "grande pensador" anônimo era estrangeiro. Tratava-se pura e simplesmente de uma apropriação – marcada pela inserção de erros crassos nos poucos parágrafos não literalmente retirados do *Capital*.

Mal se livrara de um discípulo inglês, Marx já conquistava outro, embora desta vez tenha tomado a precaução de jamais encontrar o sujeito. Ernest Belfort Bax, nascido em 1854, tornara-se um radical, quando ainda jovem estudante, sob a influência da Comuna de Paris. Em 1879 iniciou uma longa série de artigos para o intelectualizado mensário *Modern Thought* sobre os titãs intelectuais da época, entre eles Schopenhauer, Wagner e (em 1881) Karl Marx. Tendo estudado a filosofia hegeliana na Alemanha, Bax era provavelmente o único socialista inglês de sua geração a aceitar a dialética como dinâmica inerente à vida. Ele descreveu *O Capital* como um livro "que encerra a elaboração de uma doutrina econômica comparável em seu caráter revolucionário e também por sua importância ao sistema de Copérnico na astronomia, ou à lei da gravitação na mecânica". Marx ficou compreensivelmente lisonjeado e saudou o artigo de Bax como "a primeira publicação desse tipo que é impregnada de um verdadeiro entusiasmo por idéias novas e corajosamente se levanta contra o 'filistinismo' inglês".

Apesar de todos os seus defeitos, o desprezado Hyndman fizera mais do que Bax ou qualquer outro para disseminar as idéias de Marx na nação filistéia. Em 1883, ainda fervoroso discípulo, citou Marx exaustivamente – e, desta vez, com o devido crédito – em seu livro *The Historical Basis of Socialism in England*. Hyndman até fundou um partido político explicitamente marxista, a Federação Democrática (posteriormente, Federação Socialdemocrata), cuja liderança era formada por Bax, William Morris, Walter Crane, Eleanor Marx (uma das filhas de Marx) e o namorado dela, Edward Aveling. A entusiástica defesa do *Capital* feita por Hyndman nos encontros da Federação motivaram o jovem escritor irlandês George Bernard Shaw a dedicar o outono de 1883 ao estudo da edição francesa na sala de leitura do Museu Britânico, de onde o próprio Marx extraíra parte da matéria-prima de sua obra. "Aquele foi o ponto crucial de minha carreira", lembrava Shaw. "Marx foi uma revelação. ... Abriu meus olhos para os fatos da história e da civilização, deu-me uma concepção inteiramente nova do universo, proporcionou-me um propósito e uma missão na vida." *O Capital*, escreveu ele, "atingiu a maior façanha que um livro é capaz: mudar a mente das pessoas que o lêem".

A paixão de Shaw pelo *Capital* jamais se extinguiria, como demonstrou com essa homenagem caracteristicamente extravagante logo na primeira página de *Everybody's Political What's What*, escrito mais de 60 anos depois:

> Apenas no século XIX, quando Karl Marx extraiu os relatórios dos inspetores de fábrica de nossos esquecidos livros azuis e

revelou todas as atrocidades do capitalismo, o pessimismo e o cinismo atingiram a mais sombria profundidade. Ele comprovou exaustivamente que o capital, ao buscar aquilo que denominou *Mehrwerth*, que traduzimos por mais-valia (e incluiu aluguel, juros e lucros comerciais), é implacável, e nada o deterá, nem mesmo mutilação, massacre, escravidão branca e negra, droga e bebida, caso prometam-lhe um xelim a mais que os dividendos da filantropia. Antes de Marx, houvera bastante pessimismo. Na Bíblia, o livro do Eclesiástico está cheio disso. Shakespeare, em *Rei Lear*, *Timão de Atenas*, *Coriolano*, bebeu dessa fonte e se fartou. O mesmo fizeram Swift e Goldsmith. Porém, nenhum deles pôde documentar a questão a partir de fontes oficiais como fez Marx. Dessa forma, ele criou aquela demanda por "um novo mundo" que não só inspirou os modernos comunismo e socialismo, mas também se tornou, em 1941, o lema de zelosos conservadores e religiosos.

Shaw teve pouco sucesso em divulgar o evangelho aos colegas da Sociedade Fabiana, na qual ingressou em 1884. Seu amigo H.G. Wells considerava Marx "um teórico enfadonho, egocêntrico e mal-intencionado" que "concedeu aos mais baratos e baixos impulsos humanos a aparência de pretensiosa filosofia". Sob influência de seu principal teórico, Sidney Webb, os fabianos afastaram o socialismo inglês das noções de luta de classes e revolução rumo à crença de que, com o sufrágio universal, o Estado britânico poderia promulgar a legislação social que melhoraria o bem-estar da classe trabalhadora e a eficácia do sistema econômico.

Este também se tornou o credo dominante do Partido Trabalhista, criado em 1900. O antigo gracejo de que o partido devia mais ao metodismo que a Marx talvez seja um exagero:

entre seus adeptos e representantes no Parlamento, contavam-se muitos socialistas que poderiam se considerar marxianos, senão marxistas; em 1947 o partido até editou uma reimpressão do *Manifesto Comunista* para "reconhecer a dívida com Marx e Engels, que foram a inspiração de todo o movimento da classe trabalhadora". Entretanto, os líderes trabalhistas sustentaram a visão de Harold Wilson de que o legado de Marx era irrelevante, talvez verdadeiramente prejudicial a um partido constitucional de centro-esquerda.

Na Alemanha, terra natal de Marx, suas idéias tornaram-se a ideologia dominante do Partido Socialdemocrata (SPD, na sigla em alemão), a partir do congresso de 1891 em Erfurt. Mas a programação do evento era constituída de duas partes distintas e pressagiava uma longa luta entre revolucionários e revisionistas. A primeira seção, esboçada por Karl Kautski, discípulo de Marx, reafirmava teorias familiares tiradas do *Capital*, tais como a tendência ao monopólio e à pauperização do proletariado; a segunda parte, escrita por Eduard Bernstein, lidava com objetivos políticos mais imediatos – sufrágio universal, educação livre, imposto progressivo. Bernstein viveu em Londres durante os anos 1880 e rendeu-se à influência dos primeiros fabianos. Rosa Luxemburgo queixava-se: "Ele vê o mundo através de lentes inglesas."

Bernstein, na década seguinte ao congresso de Erfurt, repudiava abertamente grande parte do legado de Marx, descartando sua teoria do valor como "um conceito puramente abstrato" que deixou de explicar a relação entre oferta e demanda. Kautski relutava em criticar seu antigo camarada e parecia muitas vezes até mesmo encorajá-lo: "Você superou nossas táticas, nossa teoria do valor, nossa filosofia; agora tudo depende de qual será a boa-nova que você pensa em colocar no lugar da antiga."

No final do século, as intenções de Bernstein estavam bastante evidentes. O capitalismo, longe de ser superado por uma crise inevitável e iminente, provavelmente resistiria e traria uma progressiva prosperidade às massas. Com o ajuste adequado, poderia até se provar o motor do progresso social:

> É, portanto, muito errado presumir que o presente desenvolvimento da sociedade demonstra relativa ou mesmo absoluta diminuição do número de integrantes das classes com posses. Seu número aumenta tanto relativa quanto absolutamente. ... O sucesso do socialismo depende não da diminuição, mas do aumento da riqueza social.

Embora o SPD ainda se definisse como uma organização proletária revolucionária, ele tornara-se, na prática, um partido parlamentarista, progressivamente bem-sucedido e liderado por gradualistas e tecnocratas.

Como especialista em ironias, Marx talvez tenha se visto obrigado a sorrir (ou, ao menos, a repuxar os lábios) diante de seu destino: um profeta sem muita honra em sua própria terra, e ainda menos considerado em seu país de adoção, a Inglaterra, se tornou a inspiração para um levante cataclísmico no local onde menos esperava, a Rússia, nação raramente mencionada no *Capital*. No entanto, no fim da vida, Marx já havia começado a se arrepender dessa omissão: o sucesso da edição russa do *Capital* levou-o a imaginar que lá, afinal, talvez houvesse algum potencial revolucionário.

Seu tradutor em São Petersburgo, Nikolai Danielson, era também líder do movimento populista, que acreditava que a Rússia poderia passar diretamente do feudalismo para o socialismo. A descrição de Marx dos efeitos prejudiciais do capitalismo para a alma do homem convenceram-no de que, se possível, esse estágio da evolução econômica deveria ser evitado, e, uma vez que a Rússia já tinha no campo uma forma embrionária de propriedade coletiva da terra, seria uma atrocidade dissolver as comunas camponesas e depositá-las nas mãos de proprietários particulares simplesmente para obedecer a uma suposta lei inelutável da história. Para os marxistas mais ortodoxos, como Georgi Plekhânov, que achavam que as condições para o socialismo não amadureceriam até que a Rússia se industrializasse, esta era uma insensatez – e, ao longo da década que se seguiu ao lançamento de *O Capital*, Marx parecia ter a mesma opinião. Em 1877, respondendo a um populista russo que protestava contra sua visão determinista da história, Marx escreveu que se a Rússia estivesse destinada a se tornar uma nação capitalista nos mesmos moldes que os países do Ocidente europeu,

> ... ela não conseguiria isso sem antes transformar boa parte dos camponeses em proletários; e, então, quando se encontrar no âmago do regime capitalista, experimentará, como outros povos profanos, a crueldade de suas leis.

Assim mesmo, Marx acompanhava o desenrolar dos acontecimentos na Rússia, que ameaçavam contestar suas teorias. O movimento insurrecional, embora pequeno, impressionava pela sua determinação e eficácia: entre 1879 e 1881, a Vontade do Povo, uma facção dissidente do movimento populista, realizou sete atentados à vida do czar Alexandre II, o último deles bem-sucedido. (Seis anos depois, a Vontade do Povo tentou também assassinar o czar Alexandre III; uma das pessoas enforcadas por tomar parte na trama foi Alexander Ulianov, cujo irmão adolescente, Vladimir Ilich Ulianov, se tornaria mais conhecido como V.I. Lênin.)

A subseqüente enxurrada de detenções e execuções levou muitos revolucionários russos ao exílio. Plekhânov mudou-se para a Suíça com vários camaradas, entre eles Vera Zasulich, que em 1876 deu um tiro no governador-geral de São Petersburgo e, quando levada a julgamento, teve um desempenho tão notável que o júri a absolveu da acusação de tentativa de assassinato. A despeito de seu passado, ela desaprovava a tendência cada vez mais regicida e violenta do socialismo russo, que parecia ter perdido de vista os imperativos econômicos formulados no *Capital*. Mas a questão dos camponeses e proletários continuava a incomodar Vera Zasulich e seus companheiros de exílio às margens do lago Genebra. Em fevereiro de 1881, ela apelou a Marx em busca de uma opinião abalizada: "Você não ignora que *O Capital* goza de grande popularidade na Rússia", escreveu ela. "Mas talvez não tenha conhecimento do papel que seu livro desempenhou em nossa discussão sobre a questão agrária." E pedia gentilmente que Marx "desse sua opinião sobre o possível futuro da comuna rural russa e a teoria da inevitabilidade histórica, segundo a qual todos os países do mundo atravessarão todas as fases da produção capitalista", e assim tentar encerrar a polêmica.

Marx se debateu com o problema por várias semanas e escreveu cinco rascunhos de resposta. Finalmente enviou uma breve carta dizendo que sua "assim chamada teoria" fora mal interpretada: a inevitabilidade histórica da fase burguesa "é expressamente limitada aos países da Europa Ocidental". A transição ocidental do feudalismo para o capitalismo representava a transformação de um tipo de propriedade privada em outro, enquanto no caso dos camponeses russos "a propriedade comunal teria, ao contrário, de ser transformada em propriedade privada. Por isso, a análise proposta no *Capital* não apresenta qualquer razão favorável ou contrária à viabilidade da comuna rural". Isso era mais encorajador que o comentário que fizera apenas quatro anos antes – porém, muito mais cauteloso que o primeiro rascunho de sua carta a Vera Zasulich, que explicava por que e como o campesinato russo escaparia ao destino de seus companheiros da Europa Ocidental:

> Na Rússia, graças a uma singular combinação de circunstâncias, a comuna rural, ainda assentada em escala nacional, pode aos poucos livrar-se de seus traços primitivos e desenvolver-se diretamente como um elemento da produção coletiva em escala nacional. ... Para salvar a comuna russa, uma revolução é necessária. A esse respeito, o governo e os "novos pilares da sociedade" estão fazendo o melhor a fim de preparar as massas para esse desastre. Se a revolução vier no momento oportuno, se concentrar todas as forças de modo a permitir total expansão à comuna rural, esta em breve se transformará em elemento de regeneração na sociedade russa e de superioridade em relação aos países escravizados pelo sistema capitalista.

Cinco dias depois de Marx ter enviado a versão final dessa carta, um pequeno grupo da Vontade do Povo assassinou o czar Alexandre II em São Petersburgo arremessando uma bomba em sua carruagem.

Com a plena certeza de que a revolução só se realizaria pela ação coletiva da classe trabalhadora, mais que por proezas individuais ou atos de terrorismo, era de esperar que Marx se aliasse a Vera Zasulich e a Plekhânov mais que aos terroristas radicais. Todavia, em carta à filha Jenny, Marx confidenciou que os exilados na Suíça eram "meros doutrinários, desnorteados anarco-socialistas, e a influência deles no 'teatro de guerra' na Rússia é nula". Os assassinos de São Petersburgo, ao contrário,

> são, em todos os aspectos, verdadeiros companheiros, sem pose melodramática, simples, objetivos, heróicos. ... Eles se esforçam para ensinar à Europa que seu *modus operandi* é especificamente russo e historicamente inevitável, que não se presta a moralizações – a favor ou contra –, mais que o terremoto em Chios.

Tal atitude seria inconcebível em um Karl Marx mais jovem: ele passara muitos anos denunciando socialistas que punham suas crenças a serviço de golpes, atentados e conspirações clandestinas. Em 1881, no entanto, estava doente e fatigado. Depois de tanto aguardar o momento oportuno para a revolução proletária e estar com a paciência esgotada, ansiava por qualquer tipo de revolta. Naquela primavera, após o nascimento de um neto, comentaria que as crianças "nascidas neste momento crucial da história ... têm diante de si o período mais revolucionário que qualquer outro já visto pela humanidade. O lado ruim neste momento é ser 'velho', de modo a apenas prever, e não testemunhar".

Todos os arquitetos da Revolução de 1917 citavam Marx, em particular *O Capital*, como a autoridade divina para a concretização de suas propostas. Trotski estudou o livro em 1900, quando se encontrava na Sibéria, exilado em uma vila horrível, infestada de insetos – "removendo as baratas para fora da página", como lembrava. Lênin alegava ter lido o livro em 1888, com precoces 18 anos, sentado sobre um velho forno na cozinha do apartamento de seu avô. Desde então empregava *O Capital* – ou os trechos que serviam a seus propósitos – como a lâmina com que golpeava seus rivais. (Máximo Górki disse a respeito dos discursos de Lênin que tinham "o frio brilho de limalhas de aço".) Embora sua primeira grande obra, *O desenvolvimento do capitalismo na Rússia*, fosse apresentada como uma espécie de suplemento a Marx, a obra de Lênin nada tinha da ironia e da indignação do *Capital*. Como Edmund Wilson observou: "Todos os escritos de Lênin são funcionais; todos têm o intuito de atingir um propósito imediato. ... Ele é simplesmente um homem que deseja convencer."

O propósito imediato do livro *O desenvolvimento do capitalismo na Rússia* era persuadir os camaradas de que a Rússia já emergira do feudalismo graças à rápida expansão de ferrovias, minas de carvão, siderúrgicas e tecelagens nos anos 1880 e 1890. O fato era que somente em Moscou e São Petersburgo havia um proletariado industrial; isso, no entanto, reforçava a responsabilidade de ação da classe como uma organização de vanguarda que expressasse as reivindicações dos camponeses e artesãos de outras localidades. Nas novas fábricas, escreveu Lênin,

> ... a exploração está plenamente desenvolvida e emerge em sua forma pura, sem qualquer detalhe perturbador. O trabalhador não pode deixar de perceber que é oprimido pelo capital. ... É

por isso que o trabalhador da fábrica é o principal representante de toda a população de explorados.

Mas em seu tratado posterior, *Que fazer?*, acrescentou que os trabalhadores estavam muito preocupados com sua própria luta econômica para desenvolver uma verdadeira consciência revolucionária:

> Muito se fala sobre espontaneidade. Mas o desenvolvimento espontâneo de um movimento da classe trabalhadora leva à sua subordinação à ideologia burguesa; pois tal ação é o sindicalismo, que significa a escravização ideológica dos trabalhadores pela burguesia. Portanto, nossa tarefa, a tarefa da socialdemocracia, é combater a espontaneidade, afastar o movimento da classe trabalhadora desse sindicalismo espontâneo, desejoso de se abrigar sob as asas da burguesia, e trazê-lo para debaixo das asas da socialdemocracia revolucionária.

Campanhas de massa para melhorar as condições e encurtar a semana de trabalho, defendidas por Marx no *Capital*, eram consideradas por Lênin uma perda de tempo. Em vez disso, os trabalhadores deveriam se colocar à disposição de revolucionários profissionais como ele: "O movimento socialista contemporâneo só poderá se tornar realidade se tiver como base um profundo conhecimento científico. ... O portador desse conhecimento não é o proletariado, mas a *intelligentsia* burguesa." Nessas sentenças pode-se notar a forma embrionária do que, no final, se tornou uma tirania monstruosa.

Como o autoproclamado portador dos dez mandamentos, Lênin gostava de lembrar a condição intelectual inferior de seus camaradas. "É impossível compreender O *Capital* de Marx, em especial os primeiros capítulos, sem ter estudado e entendido completamente toda a *Lógica* de Hegel", escreveu ele em seus *Cadernos filosóficos*. "Por conseguinte, meio século depois, nenhum dos marxistas compreende Marx." Exceto ele, é claro. Apesar de todas as suas leituras e escritos, o "conhecimento científico" de Lênin não era mais profundo que o necessário. Eis uma aguçada avaliação feita por Trotski, que o observava mais de perto que ninguém:

> O pensamento de Marx aparece por inteiro no *Manifesto Comunista*, em *Para a crítica da economia política* e no *Capital*. Mesmo que não estivesse destinado a tornar-se o fundador da Primeira Internacional, ele ainda permaneceria por muito tempo a figura que conhecemos hoje. As idéias de Lênin, por outro lado, aparecem na ação revolucionária. Os trabalhos científicos dele são apenas um preâmbulo à ação.

Talvez nem mesmo um preâmbulo. "A tomada do poder", escreveu Lênin em 1917, "é o objetivo da insurreição. Sua tarefa política ficará clara após a tomada." Como o historiador Bertram Wolfe mostra, isso faz com que o raciocínio de Marx seja virado do avesso: a convicção marxista de que a economia determina a política "torna-se a visão leninista de que, com suficiente determinação, o próprio poder, o pleno poder político, pode determinar inteiramente a economia". Não é de causar espanto que a crença predominante na União Soviética tenha adquirido o nome de marxismo-leninismo, e não simplesmente marxismo. O lema favorito de Marx era *de omnibus dubitandum* ("tudo deve ser questionado"), mas ninguém que tenha tentado pôr isso em prática na Rússia comunista sobreviveu por muito tempo.

O marxismo praticado por Marx era menos uma ideologia que um processo crítico, uma argumentação dialética contínua; Lênin e em seguida Stálin transformaram-no em dogma. (Como, é claro, fizeram outros socialistas antes deles.) "A Federação Socialdemocrata aqui divide com os socialistas germano-americanos a característica de serem os únicos partidos que lograram reduzir a teoria do desenvolvimento marxista a uma rígida ortodoxia", lamentou Engels, em maio de 1894, a Friedrich Adolph Sorge, um emigrado alemão em Nova York.

> Essa teoria deve ser empurrada goela abaixo dos trabalhadores de uma só vez e sem desenvolvimento, como artigos de fé, e não fazer com que os trabalhadores se elevem a seu nível pela força de seu próprio instinto de classe. É por isso que ambas permanecem meras seitas e, como Hegel diz, vêm do nada, por meio do nada e em direção ao nada.

Seria possível até argumentar que a conquista mais verdadeiramente marxista da União Soviética foi seu colapso: uma economia dirigida – centralizada, fechada e burocrática – provou-se incompatível com as novas forças de produção, e assim precipitou uma mudança nas relações de produção. Mikhail Gorbachev o admitiu em seu livro de 1997, *Perestroika*:

> O sistema administrativo que se formou nos anos 1930 e 1940 começou gradualmente a contradizer as demandas e condições do progresso econômico. O potencial positivo dele se exaurira. Tornara-se cada vez mais um obstáculo e originou o mecanismo de ruptura que tanto mal nos fez depois. ...

> Foi nessas condições que se desenvolveu uma atitude preconceituosa diante do papel das relações mercadológicas e da lei do valor sob o socialismo, e em geral se alegava que eram contrárias e estranhas ao socialismo. Além do mais, subestimou-se a contabilidade de lucros e perdas, que abalou os preços e negligenciou a circulação de dinheiro. ... Surgiram sinais cada vez mais evidentes de alienação do homem em relação à propriedade coletiva e da falta de coordenação entre os interesses públicos e pessoais do trabalhador.

Depois da Rússia, o outro grande país a se autoproclamar comunista foi a China, que se tornou uma "República do Povo" em 1949. Enquanto Marx e Lênin tinham seu ponto central no proletariado urbano, Mao Tsé-tung argumentava que os camponeses poderiam ser uma força revolucionária caso guiados pelos líderes "corretos", como ele próprio. Mao evitou o modelo soviético de urgente industrialização e fez do desenvolvimento rural a prioridade máxima, inspirando, assim, muitos marxistas em países do Terceiro Mundo que nem sequer tinham uma indústria digna desse nome.

No entanto, o programa maoísta foi um desastre para o campesinato chinês: o Grande Salto Adiante, um plano de coletivização da agricultura e promoção das indústrias rurais de pequena escala, produziu fome em massa e foi abandonado em 1960, apenas dois anos depois de iniciado. No mesmo período houve a ruptura entre China e União Soviética. Nikita Krushchev havia ridicularizado o Grande Salto, e Mao revidou denunciando-o como "capitalista infiltrado". Porém, desde a morte do Grande Timoneiro em 1976, a própria China passou a trilhar a rota capitalista e tornou-se a economia industrial que mais rapidamente cresce no mundo, ao mesmo tempo que proclama só agora haver atingido "o primeiro estágio do socialismo". A despeito de ter abandonado os preceitos de Mao, o governo de Pequim continua a definir-se como marxista-leninista, embora "mercantil-leninista" fosse mais adequado.

Assim como as incontáveis seitas rivais do cristianismo, o marxismo revelou-se em disfarces admiravelmente distintos e em aparência incongruentes – bolcheviques e mencheviques, espartaquistas e revisionistas, stalinistas e trotskistas, maoístas e castristas, eurocomunistas e existencialistas. Marx previra, com severa resignação, que seu nome seria tomado em vão pelos "marxistas" muito depois de sua morte, quando não mais pudesse protestar. Seu mais famoso gesto de irritação face aos ilusórios discípulos foi uma censura aos socialistas franceses nos anos 1870: se eles forem marxistas, lamentou, "tudo o que sei é que então não sou um marxista". E talvez não fosse. A história do século XX revelou que os países que não possuíam uma economia industrial avançada, uma classe capitalista ou um grande exército de proletários assalariados estavam mais propensos à revolução marxista. Daí o paradoxo observado pelo especialista marxiano David McLellan em 1983, quando quase meio mundo ainda era governado por regimes supostamente herdeiros de Marx:

> O próprio fato de que o marxismo não tenha triunfado no Ocidente significa que não se tornou uma ideologia dominante; é, portanto, objeto de estudos sérios sem a intervenção de controles governamentais. Justamente na Europa Ocidental e na América – os países capitalistas – estuda-se Marx com maior desvelo. De fato, é correto afirmar que há mais marxistas reais no Ocidente que em muitos países chamados "marxistas".

Em Estados comunistas, da Albânia ao Zimbábue, a definição local de marxismo foi elaborada pelo governo, jamais se demandou uma discussão subseqüente (nem mesmo se permitiu). No Ocidente, contudo, seu significado tornou-se objeto tanto de profundo debate quanto de sutil revisão. Os trabalhos da chamada Escola de Frankfurt – que incluía Max Horkheimer, Theodor Adorno e Herbert Marcuse – na década de 1930 originaram um nova linha de filosofia marxista conhecida como "teoria crítica", que rejeitava o determinismo econômico de Lênin e dos bolcheviques. A Escola de Frankfurt e outros pensadores do período, como Antonio Gramsci, também questionaram tradicionais posicionamentos marxistas em relação à consciência de classe do proletariado. O capitalismo, de acordo com Gramsci, mantém sua hegemonia por levar a classe trabalhadora – ou intimidá-la – a aceitar ilusoriamente a cultura burguesa como norma, ao mesmo tempo que reforça certos valores e exclui outros. Para desafiar esse consenso e demolir as pretensões capitalistas, os trabalhadores deveriam desenvolver uma cultura "contra-hegemônica" própria, por meio de novos sistemas de educação popular.

Os marxistas ocidentais, portanto, colocaram ênfase muito maior na importância daquilo que Marx denominava superestrutura – cultura, instituições, linguagem – do processo político, de tal modo que às vezes a reflexão sobre a base econômica desaparecia de todo. Incapazes de mudar o mundo, concentraram-se em interpretá-lo por meio do que ficou conhecido como "estudos culturais", que estabeleceram sua própria hegemonia em vários *campi* universitários nas décadas finais do século XX e produziram uma transformação nos estudos de disciplinas como história, geografia, sociologia, antropologia e literatura.

Até a libido foi submetida ao escrutínio marxista. O psiquiatra Wilhelm Reich tentou conciliar Marx e Freud ao propor que os trabalhadores não poderiam ser verdadeiramente livres até que fossem libertados da repressão sexual e da tirania das estruturas familiares tradicionais (embora Marx tenha descartado o amor livre por considerá-lo uma perspectiva "bestial", equivalente à "prostituição comum"). "O sexo está impregnado no trabalho e nas relações públicas e, portanto, torna-se mais suscetível à satisfação (controlada)", escreveu Herbert Marcuse, guru da Nova Esquerda, no livro *O homem unidimensional*, de 1964. "O progresso técnico e o conforto material permitem a inserção sistemática dos elementos libidinosos nos domínios da produção e da troca de mercadorias."

Esses domínios foram definidos de forma muito mais ampla do que Marx jamais imaginara. Abarcavam toda e qualquer forma de mercadoria cultural – um par de sapatos do tempo da brilhantina, uma fotografia de jornal, um disco pop e uma caixa de cereal eram todos "textos" que poderiam ser "lidos". A crítica da cultura de massa dos primeiros teóricos influenciados pela Escola de Frankfurt foi gradualmente suplantada por um estudo dos diferentes meios pelos quais as pessoas recebem e interpretam esses textos cotidianos.

À medida que deram uma "guinada lingüística" – expandiram-se em estruturalismo, pós-estruturalismo, desconstrutivismo e, depois, pós-modernismo –, os estudos culturais com freqüência pareciam uma forma de se esquivar completamente da política, mesmo que muitos de seus adeptos continuem a se denominar marxistas. A lógica de sua burlesca insistência de que não há certezas ou realidades levou ao relativismo sem compromisso ou valor, capaz de celebrar, sem qualquer pudor, tanto a cultura pop norte-americana quanto a superstição medieval. Apesar do desdém pelas grandes narrativas históricas e leis gerais da natureza, muitos estudiosos pareciam aceitar o sucesso duradouro do capitalismo como um inevitável fato da vida. Aqueles que ainda nutriam impulsos subversivos buscaram refúgio em espaços marginais onde o domínio dos vitoriosos não estava bem assegurado: daí o entusiasmo pelo exótico e incorpóreo, desde as teorias conspiratórias dos óvnis aos fetiches sadomasoquistas. Um fascínio pelos prazeres do consumo (telenovelas, shoppings, o *kitsch* do mercado massificado) revelava o tradicional foco marxista sobre as condições da produção material.

A conseqüência foi, nas palavras do crítico marxista Terry Eagleton, "uma imensa inflação lingüística, como se algo que na esfera política agora parecesse inconcebível ainda fosse bastante viável nas áreas do discurso, dos signos ou da textualidade. A liberdade do texto ou da linguagem viria compensar a falta de liberdade do sistema como um todo". Os novos inimigos, escreve Eagleton, eram "todos os tipos de sistemas de crenças coerentes, em particular as formas de teoria e organização política que buscavam analisar e influenciar as estruturas da sociedade como um todo. Pois era justamente essa política que parecia ter fracassado". Nenhuma crítica sistemática ao capitalismo monopolista obteria êxito uma vez que o capitalismo era ele próprio uma ficção, assim como a verdade, a justiça, as leis e todos os outros "constructos lingüísticos".

Cabe então a pergunta: como Marx, que tanto esforço fez para produzir uma crítica sistemática, se encaixa em tudo isso? Enquanto alegremente desconstroem comerciais de TV ou embalagens de bala, os teóricos parecem curiosamente relutantes em apontar seus cutelos para o texto do *Capital*, talvez por temer um parricídio literário. O historiador pós-modernista Dominick LaCapra afirma que este "é provavelmente o caso mais gritante de texto canônico que tem mais necessidade de uma releitura que de uma leitura literal, direta e atrelada a uma voz autoritária exclusivamente uniforme".

Nessa linha, a mais notável revisão de Marx é *Para ler "O Capital"*, de 1965, uma coletânea de ensaios de Louis Althusser e alguns alunos seus, que começa com essa declaração de intenções:

> É evidente que todos já lemos e continuamos a ler *O Capital*. Por quase um século, fomos capazes de lê-lo todos os dias, de forma transparente, em meio aos dramas e sonhos de nossa história, às suas disputas e conflitos, às conquistas e derrotas do movimento operário, que é nossa única esperança e destino. Desde que "viemos ao mundo", lemos constantemente *O Capital* nos escritos e discursos daqueles que o leram para nós, bem ou mal, vivos ou mortos: Engels, Kautski, Plekhânov, Lênin, Rosa Luxemburgo, Trotski, Stálin, Gramsci, as lideranças das organizações operárias, seus seguidores e oponentes, fossem filósofos, economistas ou políticos. Lemos pequenas amostras, os "fragmentos" que a conjuntura "selecionou" para nós. Todos lemos, mais ou menos, inclusive o "livro primeiro", desde "as mercadorias" até "a expropriação dos expropriadores".
>
> Algum dia, porém, é essencial que *O Capital* seja lido na íntegra, que o próprio texto seja lido. ...

Althusser, como qualquer outro leitor, encara a tarefa com um par de lentes ajustadas à sua própria avaliação. Foi ele quem primeiro insistiu no fato de que havia um abismo intransponível, uma "ruptura epistemológica", entre o Marx dos anos 1840 e o homem que escreveu *O Capital* 20 anos depois. Ao contrário de Jean-Paul Sartre, que encontrou nos primeiros escritos filosóficos uma rica inspiração para sua formulação do marxismo como uma história da auto-emancipação humana, Althusser deplorava os interesses do jovem Marx por ética, alienação e "ação humana". Para ele, a história era um "processo sem sujeito" e, portanto, não valia a pena estudá-la ou analisá-la: os indivíduos, mesmo coletivamente, não poderiam jamais evitar ou desafiar as forças impessoais dos aparelhos ideológicos do Estado – educação, religião e família – que produzem e mantêm o sistema de crenças dominante.

Althusser resgatou Marx do estreito determinismo econômico imposto por Lênin e seus herdeiros para confiná-lo em uma camisa-de-força igualmente restritiva. Em *Para ler "O Capital"* ele reduz a obra maior de Marx a um trabalho meramente científico, sem qualquer vestígio de influência hegeliana, apesar de o próprio Marx reconhecer com prazer esse débito, em particular no capítulo inicial sobre a mercadoria. O marxismo se tornou uma teoria da prática estrutural divorciada da política, da história e da experiência.

Segundo a lógica anti-humanista de Althusser, as pessoas não poderiam ser consideradas responsáveis por suas ações – tese que, anos depois, ele próprio exploraria para se eximir de qualquer culpa pelo homicídio de sua esposa. Em escala maior, serviu para isentar o Partido Comunista (do qual era antigo integrante): o assassinato em massa na União Soviética não era um crime, apenas um erro teórico – ou, no terrível eufemismo de Althusser para o stalinismo, "aquela nova forma de 'existência não-racional da razão'". Como escreveu o historiador marxista E.P. Thompson no polêmico *A miséria da teoria*, de 1979: "Podemos considerar a emergência do althusserianismo como a manifestação de uma ação de patrulha ideológica, uma tentativa de reconstruir o stalinismo no nível teórico." Para Thompson, a insistência de Althusser em um marxismo totalmente conceitual, não contaminado pela história ou pela experiência, expunha-o como alguém "que tinha apenas um conhecimento fortuito da prática histórica" – pois, no mundo real, a toda hora, "a experiência chega sem ser anunciada e promove mortes e crises substanciais". Isso era mais verdadeiro do que Thompson podia imaginar. A total extensão da ignorância de Althusser revelou-se em suas memórias póstumas, *O futuro dura muito tempo*, de 1994, em que confessa ser "um trapaceiro e um enganador", que às vezes inventava citações ajustadas aos seus objetivos.

> De fato, meu conhecimento filosófico dos textos era bastante limitado. Eu ... sabia um pouco de Spinoza, nada de Aristóteles, os sofistas e os estóicos, bastante sobre Platão e Pascal, nada sobre Kant, um pouco sobre Hegel e, por fim, algumas passagens de Marx.

Mas como conseguiu se safar? A explicação para seus ilusionismos é surpreendentemente singela:

> Eu tinha outra singular habilidade. A partir de uma única frase, pensava que poderia extrair (que ilusão!), se não as idéias mais específicas de um autor ou livro que não lera, ao menos o significado ou as linhas gerais. Obviamente eu tinha algum poder de intuição, assim como a habilidade de vislumbrar relações, ou a capacidade de estabelecer oposições teóricas que me permitiam reconstruir aquelas que acreditava serem as idéias de um autor, tendo por base os autores aos quais se opunha. Eu prosseguia com tranqüilidade, estabelecendo contrastes e distinções, e em seguida elaborava uma teoria que amparasse tudo isso.

Graças a esse poder de intuição, *Para ler "O Capital"* é iluminado pelo brilho de percepções ocasionais, ainda que Althusser tenha estudado apenas algumas passagens de Marx. O livro propõe que *O Capital* deve ser visto como

> ... uma resposta importante à *pergunta que em nenhuma parte foi postulada*, que Marx somente logra formular com a multiplicação das imagens necessárias para expressá-la. ... A época em que Marx viveu não lhe proporcionou, e ele não poderia adquirir ao longo da vida, um conceito adequado com o qual pensar o que produziu: *o conceito da eficácia de uma estrutura a partir de seus elementos*.

Marx, em outras palavras, preparou uma bomba de efeito retardado, esperando que alguém fizesse a pergunta que ele já havia respondido. Isso é confirmado por uma carta enviada a Engels em 1867, logo depois de finalizar o primeiro volume, em que previa as objeções de "economistas vulgares" ao *Capital*:

> Se desejasse refutar *de antemão* todas essas objeções, eu estragaria todo o método dialético da exposição. Ao contrário, o que há de bom nesse método é que ele está constantemente

preparando armadilhas para esses sujeitos, a ponto de tornar evidente a sua estupidez.

Mais uma vez é impossível não vir à mente a penetrante ironia do relato *A obra-prima ignorada* de Balzac: a única falha na obra-prima de Frenhofer não eram as manchas amorfas e aparentemente desastrosas, mas o fato de ter sido executada com um século de antecedência, uma vez que era na verdade uma peça de arte abstrata do século XX. Como escreveu Edmund Wilson ao defender as classes que sofrem privações e sitiar a fortaleza da auto-satisfação burguesa, Marx trouxe para a economia um ponto de vista "cujo valor na época era diretamente proporcional à sua estranheza".

Durante meio século após a publicação do *Capital*, no entanto, os economistas vulgares demonstraram pouco interesse em refutar Marx, e preferiam ignorá-lo. Eles viam o sistema capitalista mais como uma necessidade permanente que como uma fase histórica passageira, que contivesse dentro de si os germes de sua própria doença terminal. Enquanto Marx tratava os juros, os lucros e o aluguel como trabalho não-pago, os economistas acadêmicos descreviam os juros obtidos pelos detentores de capital como uma "recompensa pela abstinência". Para Alfred Marshall – uma personagem dominante na economia britânica durante os períodos vitoriano tardio e eduardiano –, aqueles que acumulavam mais do que gastavam capital estavam realizando um "sacrifício de espera", e por isso mereciam a recompensa por sua virtuosa moderação.

A economia ortodoxa argumentava que a superprodução – considerada por Marx traço fundamental do capitalismo –

simplesmente não poderia ocorrer. De acordo com a lei dos mercados de Say, a oferta criava sua própria demanda: os ganhos com produção e venda de certas mercadorias proporcionavam o poder de compra para a aquisição de outras. Esse mesmo mecanismo auto-regulador assegurava que o desemprego não fosse mais que uma breve e acidental imperfeição. Os desempregados aceitariam trabalhar por menos; a conseqüente queda dos salários diminuiria os preços das mercadorias, que, por sua vez, aumentariam a demanda por produtos e também as vendas, permitindo, então, o retorno do pleno emprego.

A turbulência econômica e o grande desemprego do período entre guerras mundiais forçaram o reconhecimento tardio de que, afinal, o capitalismo apresenta problemas sistemáticos. Alguns economistas passaram a questionar se o sistema era realmente eterno e imutável. Em seu estudo de 1939, *Valor e capital*, John Hicks duvidava que "se pudesse contar com a longa sobrevivência de algo semelhante a um sistema capitalista" na ausência de novas invenções suficientemente poderosas para manter o investimento. "É inevitável pensar", acrescentou ele, "que talvez todo o processo de revolução industrial dos últimos 200 anos nada mais tenha sido senão uma vasta e mundana expansão." J.M. Keynes, nascido no ano da morte de Marx, escreveu no livro *A teoria geral do emprego, do juro e da moeda*, de 1936: "Vejo o aspecto da *aquisição de rendas* do capitalismo como uma fase de transição que desaparecerá quando tiver cumprido seu papel."

Keynes, o mais influente economista do século XX, desafiou a idéia de que o capitalismo do *laissez-faire* apresentava uma tendência natural ao auto-equilíbrio. A idéia de que o desemprego forçava a queda dos salários e com isso restaurava o pleno emprego talvez fosse verdadeira em companhias ou indústrias individuais. Mas se *todos* os salários fossem cortados, então *todos* os rendimentos cairiam, e a demanda ficaria estagnada, o que não incentivaria os empregadores a contratar mais trabalho. Nas palavras da economista keynesiana Joan Robinson: "Em uma multidão, qualquer pessoa pode ter uma visão melhor do desfile ao ficar em pé numa cadeira. Mas se todos fizerem o mesmo, ninguém terá uma visão melhor."

Antes de Keynes, a maioria dos economistas tratava as ocasionais crises do capitalismo como aberrações negligenciáveis. Ele, como Marx, via-as como o ritmo fatal de um sistema instável. Entretanto, Keynes considerava Marx um excêntrico do "submundo do pensamento econômico", cujas teorias eram "ilógicas, obsoletas, cientificamente equivocadas e sem interesse ou aplicabilidade no mundo moderno". A veemência de sua denúncia é surpreendente, dada a semelhança entre a crítica de Marx aos economistas clássicos e a do próprio Keynes a seus sucessores neoclássicos. Como Joan Robinson escreveu em 1948:

> Em ambos, o desemprego tem um importante papel. Em ambos, o capitalismo é visto como algo que carrega as sementes da própria decadência. Do lado negativo, como na oposição à ortodoxa teoria do equilíbrio, os sistemas de Keynes e Marx permanecem próximos; e há agora, pela primeira vez, entre os economistas acadêmicos e os marxistas, pontos em comum suficientes para tornar o debate possível. Apesar disso, há ainda poucos estudos sérios feitos por economistas acadêmicos ingleses a respeito de Marx.

Alguns desses estudos sem dúvida foram descartados por sua opacidade estilística. Embora Robinson acreditasse que a teoria da crise de Marx, apresentada no segundo tomo do *Capital*, tivesse íntimas afinidades com Keynes, ela confessava que "talvez tenha exagerado na semelhança. Os dois últimos volumes do *Capital* ... são excessivamente obscuros e foram submetidos a muitas interpretações. Suas águas são turvas, e, talvez por isso, quem as examinar há de encontrar o próprio rosto".

Mas a principal razão para ignorar a relação entre Marx e Keynes – na verdade, para negligenciar Marx totalmente – talvez fosse política. Keynes era mais um liberal que um socialista, e orgulhosamente declarava: "A luta de classes me encontrará ao lado da burguesia culta." O keynesianismo se tornou a nova ortodoxia para os economistas e políticos ocidentais em meados do século XX, precisamente no momento em que a Guerra Fria fazia com que o nome de Marx se transformasse em sinônimo de inimigo. Alguns não-marxistas temiam se contaminar com essa associação.

A grande exceção foi o economista de origem austríaca Joseph Schumpeter, que permaneceu um herói para muitos empreendedores norte-americanos, ainda que sua obra mais famosa, *Capitalismo, socialismo e democracia*, de 1942, comece com uma avaliação de 54 páginas das conquistas de Marx, tão inesperadamente generosa como as próprias homenagens de Marx à burguesia no *Manifesto Comunista*.

Como um profeta, admite Schumpeter, Marx sofreu de "visão equivocada e análise imprecisa", particularmente em sua previsão do aumento da miséria dos trabalhadores. Entretanto, "Marx viu o processo de mudança industrial mais claramente e percebeu sua importância crucial de modo mais completo que qualquer outro economista de sua época", tornando-se, assim, "o primeiro economista de primeira grandeza a compreender e ensinar sistematicamente como a teoria econômica pode se transformar em análise histórica e como a narrativa histórica pode se transformar em *histoire raisonée*". Algumas páginas adiante ele propõe a questão: "Pode o capitalismo sobreviver?" E responde: "Não. Creio que não." Isso pode parecer um comentário bizarro em um livro concebido como defesa robusta do espírito empreendedor, e certamente Schumpeter, ao contrário de Marx, não se alegrava com isso. ("Se um médico prediz que seu paciente morrerá em breve, isso não quer dizer que este seja o desejo dele.") Sua tese era que a inovação capitalista – novos produtos e métodos de produção – representa uma força de "destruição criativa" que afinal se tornaria, para seu próprio benefício, extremamente bem-sucedida, e portanto destrutiva.

Na última década do século XX, as obscuras advertências de Schumpeter pareciam se confundir com as de Marx. Com o comunismo agonizando, o capitalismo liberal à moda norte-americana poderia enfim reinar sem desafios – talvez para sempre. "O que estamos testemunhando", proclamou Francis Fukuyama em 1989, "não é apenas o fim da Guerra Fria, ou a consumação de um determinado período da história do pós-guerra, mas o fim da história como tal, isto é, o ponto final da evolução ideológica da humanidade." Mas a história em breve retornaria com sua Nêmesis. Em agosto de 1998, a dissolução econômica na Rússia, o colapso monetário na Ásia e o pânico do mercado em todo o mundo levou o jornal *Financial Times* a se perguntar se havíamos passado "do triunfo à crise do capitalismo global em apenas uma década". O título do artigo era "*Das Kapital* revisited".

Mesmo aqueles que obtinham os maiores benefícios do sistema começaram a questionar sua viabilidade. George Soros, o bilionário especulador que fora responsabilizado pelo desastre tanto da Ásia quanto da Rússia, alertou no livro *A crise do capitalismo global: os perigos da sociedade globalizada*, de 1998, que o instinto de manada dos detentores do capital deve ser controlado antes que eles tenham esmagado todos os demais sob seus pés:

> O capitalismo não demonstra por si só qualquer tendência ao equilíbrio. Os detentores do capital buscam aumentar seus lucros. Se os deixarem agir como desejam, continuarão a acumular capital até a situação ficar insuportável. Há 150 anos, Marx e Engels ofereceram uma ótima análise do sistema capitalista, melhor em alguns aspectos, devo dizer, que a teoria do equilíbrio dos economistas clássicos. ... A principal razão para que as terríveis previsões não se tenham concretizado foram as intervenções políticas compensatórias nos países democráticos. Infelizmente, outra vez corremos o risco de tirar as conclusões erradas das lições da história. Agora o perigo não vem do comunismo, mas do fundamentalismo do mercado.

Durante a Guerra Fria, enquanto os Estados comunistas veneravam a obra de Marx como uma escritura sagrada – completa e infalível –, aqueles que estavam do outro lado das trincheiras o ultrajavam como um enviado do demônio. Com a derrubada do Muro de Berlim, contudo, ele conquistou novos admiradores em lugares inesperados. "Não devemos nos felicitar tão rapidamente pela derrota de Marx junto com o marxismo", escreveu em 1994 o economista de direita Jude Wanniski. "Nossa sociedade mundial é muito mais fluida do que era em seu tempo, mas o processo de renovação não está garantido. As forças de reação que ele corretamente identificou devem ser conquistadas a cada nova geração, uma tarefa monumental que agora nos confronta." Wanniski, que cunhou a expressão *supply-side economics* ("economia da oferta"), citou *O Capital* como a principal inspiração para sua tese de que a produção, mais que a demanda, era a chave da prosperidade. Embora defensor do livre comércio e do padrão-ouro, inimigo da burocracia e admirador do espírito de Klondike, considerava Marx "um dos titãs da teoria e da prática clássicas" – e um profeta genial. Para Wanniski, Marx "chegou muito próximo da verdade" ao sugerir que o capitalismo disseminava as sementes da própria destruição: "Isto é, se o capitalismo requer competição impiedosa, ainda que os capitalistas façam todo o possível para eliminar a competição, temos um sistema inerentemente insustentável, como animais que devoram seus filhotes."

Em outubro de 1997, John Cassidy, correspondente econômico da revista *New Yorker*, relatou uma conversa que tivera com um banqueiro inglês que trabalhava em Nova York. "Quanto mais tempo passo em Wall Street", afirmou o banqueiro, "mais convencido fico de que Marx estava certo. Há um Prêmio Nobel à espera do economista que ressuscitar Marx e o inserir em uma teoria coerente. Estou absolutamente convencido de que a abordagem de Marx é o melhor caminho para entender o capitalismo." Despertada sua curiosidade,

Cassidy leu Marx pela primeira vez e convenceu-se de que seu amigo estava certo. Encontrou

> ... provocantes passagens sobre globalização, desigualdade, corrupção política, monopolização, progresso técnico, declínio da alta cultura, a natureza enervante da existência moderna – temas com que os economistas agora novamente se defrontam, às vezes sem perceber que seguem os passos de Marx.

Citando o famoso slogan criado por James Carville para a campanha presidencial de Bill Clinton em 1992 – "It's the economy, stupid" ("É a economia, seu estúpido") –, Cassidy comentava:

> ... o próprio termo de Marx para essa teoria – "a concepção materialista da história" – é agora tão amplamente aceito que analistas de todas as vertentes políticas usam-no, como Carville, sem o devido crédito. Quando os conservadores argumentam que o estado de bem-estar social está condenado porque sufoca a iniciativa privada, ou que a União Soviética entrou em colapso porque não poderia se igualar com eficiência ao capitalismo ocidental, eles adotam o argumento de Marx segundo o qual a economia é a força motriz do desenvolvimento humano.

Como o ridículo burguês de Molière, que descobriu, para seu espanto, que por mais de 40 anos falara em prosa sem o saber, grande parte da burguesia ocidental absorveu as idéias de Marx sem sequer notar. Foi uma leitura tardia de Marx nos anos 1990 que inspirou o jornalista James Buchan a escrever seu brilhante estudo *Desejo congelado: uma investigação sobre o significado do dinheiro*, publicado em 1997. Como explicou Buchan:

Marx está tão enredado em nosso modelo de pensamento ocidental que poucas pessoas têm consciência de seu débito com ele. Todo mundo que conheço agora acredita que suas atitudes são, em certa medida, uma criação de suas circunstâncias materiais – "que, ao contrário, seu ser social determina sua consciência", como escreveu Marx – e que as mudanças no modo de produção afetam profundamente as relações humanas, mesmo fora das oficinas e fábricas.

É em grande medida por meio das idéias de Marx, mais que pela economia política, que tais noções chegaram até nós. Da mesma forma, todo mundo que conheço tem a impressão de que a história não é só uma seqüência qualquer de acontecimentos, ... mas uma espécie de processo em que algo de humano – liberdade, felicidade, potencialidade humana, algo positivo, enfim – se torna cada vez mais efetivo. Marx não criou esse sentimento, mas o disseminou.

Até os jornalistas John Micklethwait e Adrian Wooldridge, da revista *The Economist*, entusiastas do turbocapitalismo, reconheceram essa dívida: "Como profeta do socialismo, Marx pode estar derrotado", escrevem no livro *O futuro perfeito: os desafios e as armadilhas da globalização*, de 2000. "Mas como profeta da 'interdependência universal das nações', que é como denominava a globalização, ele ainda pode ser de surpreendente relevância. ... Sua descrição da globalização permanece tão aguçada hoje quanto o foi há 150 anos." O maior medo dos autores era que, "quanto mais bem-sucedida se torna a globalização, mais parece estimular a própria reação a ela", o que, em outras palavras, parece sugerir o acerto de Marx ao declarar que "o desenvolvimento da indústria moderna ... abala a própria base sobre a qual a burguesia assentou seu regime de produção e apropriação. O que a burguesia produz são, sobretudo, seus próprios coveiros". Graças a todo seu triunfalismo, Micklethwait e Wooldridge têm uma incômoda suspeita de que a destruição criativa forjada pelo capitalismo global "tenha um momento inato de paralisia, quando as pessoas não mais suportarão".

A queda da burguesia e a vitória do proletariado não se concretizaram. Mas, na obra de Marx, os erros ou profecias não cumpridas sobre o capitalismo são ofuscados e transcendidos pela acurada precisão com que revelou a natureza desse monstro. Enquanto tudo o que é sólido continuar se desmanchando no ar, o vívido retrato feito no *Capital* das forças que governam nossas vidas – e da instabilidade, alienação e exploração que produzem – jamais perderá a ressonância ou o poder de colocar o mundo em foco. Como o artigo da *New Yorker* de 1997 concluiu: "Valerá a pena ler seus livros enquanto perdurar o capitalismo." Longe de ter sido soterrado pelos destroços do Muro de Berlim, Marx só agora emerge em seu verdadeiro significado. Ele ainda pode vir a ser o mais influente pensador do século XXI.

Observação sobre Traduções Brasileiras

Para os leitores que se interessarem por ler a obra máxima de Karl Marx, há no Brasil duas edições recomendáveis – de que se lançou mão para a tradução deste livro. *O Capital*, publicado pela Abril Cultural em seis volumes, a partir de 1983, com tradução de Regis Barbosa e Flavio Kothe, sob a coordenação e com revisão técnica de Paul Singer. Infelizmente esta é uma edição esgotada, mas o leitor talvez a encontre em casas de livros usados.

A outra edição é da Civilização Brasileira, com tradução de Reginaldo Sant'Anna. Já se encontram disponíveis dois volumes do livro 1 (1998) e o livro 2 (2000). Os demais estão em preparação para futuro lançamento.

Índice Remissivo

N